DE PAYSAN À LEADER MONDIAL

DELFINGEN

À mes parents et beaux-parents
À Françoise mon épouse
À Philippe mon frère
À Gérald et Hélène
À David et Stéphanie
À mes petits-enfants Victor, Benoît, Agathe et César

« Certains considèrent le chef d'entreprise comme un loup
qu'on devrait abattre ; d'autres pensent que c'est une vache
que l'on peut traire sans arrêt ;
peu voient en lui le cheval qui tire le char. »

Winston Churchill

Table des matières

Préface

« Je me suis attelé à ce livre pour témoigner à mon fils Gérald et à tous les collaborateurs de Delfingen que tout devient possible si on met l'homme au centre de nos préoccupations », écrit Bernard Streit.

Ce propos s'adresse à tous les Français, notamment à nos élites dont la connaissance de l'entreprise est faible, voire inexistante. Ils sont pleins de préjugés, enseignés dès l'école par des enseignants qui n'ont jamais fréquenté d'établissements autres qu'éducatifs. Ils ne sont pas responsables de cette ignorance ou méconnaissance. Nous, dirigeants d'entreprises, avons omis de faire la pédagogie des faits.

L'histoire de Bernard Streit et de son entreprise Delfingen comble cette lacune. Le livre explique ce que doit être une entreprise, à savoir un lieu de création collective de richesses en faveur des quatre populations concernées : les actionnaires, les clients, les collaborateurs et collaboratrices, les territoires sur lesquels elle opère (à dessein, j'énumère ces quatre populations par ordre alphabétique.) Réduire la mission de l'entreprise à la production de profits à court terme au bénéfice exclusif des actionnaires constitue une erreur. D'abord parce que pour être pérenne, une entreprise doit avoir une vision et une stratégie à long terme. Ensuite parce qu'une entreprise est avant tout constituée d'hommes et de femmes qui, ensemble, produisent des richesses.

Arrêtons de diaboliser le profit : le profit est une discipline, voire une vertu, au service de l'autonomie, du financement, du développement et de l'investissement, et de la juste rémunération des collaborateurs… et des actionnaires.

L'entreprise est aussi un lieu où l'on cultive l'exigence, à commencer par l'exigence vis-à-vis de soi-même, la diversité, la confrontation, où l'on donne aux collaborateurs le droit à l'erreur, voire à l'échec. La performance d'une entreprise ne se mesure pas exclusivement en termes financiers et surtout pas à court terme. Elle se mesure aussi et beaucoup en termes de satisfaction des clients, bien-être des salariés, motivation voire enthousiasme des collaborateurs, contribution au bien-vivre ensemble en société. Ce faisant, l'entreprise est responsable et solidaire.

La mesure induit les comportements. Les dirigeants de Delfingen l'ont bien compris. L'entreprise a grandi au rythme du profit qu'elle a su dégager, et des collaborateurs dont elle a accru les compétences.

Ce livre, cette histoire de Delfingen, est un formidable outil pédagogique pour ceux qui ne connaissent pas l'entreprise ou croient la connaître et qui souvent la dirigent.

Oui, comme l'écrivait Winston Churchill, « L'entreprise est le cheval qui tire le char ». C'est le cheval qui doit produire des richesses matérielles et immatérielles qui feront progresser notre société au bénéfice de tous.

Ce livre est un traité sur l'entreprise, sur ce qu'elle doit être, sur ce pourquoi elle existe. Au moment où d'autres cellules de la société, à savoir la famille, l'église, l'école, l'État, sont malades, l'histoire simple et rafraîchissante, pleine de bon sens et d'optimisme de cette entreprise de Franche-Comté, nous montre le chemin de la responsabilité et de la solidarité.

Henri Lachmann
Président (1999-2005) de Schneider Electric

Retour à Radelfingen

L'automne est déjà là, mais la campagne autour d'Anteuil, dans le Doubs, est encore d'un vert intense. Solitaire sur les mamelons d'une colline, dominant un paysage de vallons et de forêts, l'entreprise Delfingen semble tirer sa force et son énergie de cette nature encore intacte.

Arrivée par la gare de Besançon, j'ai loué une voiture pour me rendre à Anteuil, petite commune d'environ quatre cents habitants, située à égale distance de Montbéliard et Besançon. Je ne connais pas cette région de Franche-Comté et découvre, illuminés par les rayons du soleil de septembre, les doux contreforts du Jura. J'y ai rendez-vous avec Bernard Streit, président de Delfingen, afin de faire son portrait pour un magazine dédié aux entreprises.

L'homme qui me reçoit dans le hall vaste et lumineux ne porte ni costume ni cravate. Grand et svelte, le regard franc, la poignée de main ferme et assurée. Son fils Gérald, qui se prépare à la succession de son père, nous rejoint dans la salle de réunion. Tout deux me font face. Pendant deux heures, Bernard Streit me raconte l'histoire de son entreprise intimement liée à son histoire personnelle. L'homme qui se révèle derrière un récit clair, est un formidable entrepreneur. D'origine modeste, il a fait de la minuscule société familiale qui, en 1954, fabriquait des sachets en plastique, un équipementier automobile mondial, leader dans la protection des réseaux électriques et fluides embarqués.

« Quand nous rencontrons nos clients ou les plus grands groupes internationaux, nous commençons par nous vendre en parlant de nos valeurs, de notre charte du travail décent, de notre fondation. Ensuite seulement de nos produits », m'affirme fièrement ce jour-là Bernard Streit. Chez Delfingen, l'humain prime. Sans la confiance de tous ses collaborateurs, sans la force relationnelle qui les unit, sans le socle solide d'une gestion saine et claire, Delfingen n'aurait pas survécu au tsunami de la crise de 2008 qui a vu en quelques jours la production s'effondrer de 50 %.

J'écoute, admirative, le parcours prodigieux d'un homme qui a su rester d'une profonde modestie. Je connais peu le monde des entreprises et ce que cet homme dévoile me donne envie d'en savoir davantage. Pourtant, refreinant ma curiosité, je me dis qu'il est temps de laisser ce conquérant à ses multiples activités. À l'instant où je me lève pour prendre congé, Bernard Streit me fait signe de me rasseoir et sur un ton chaleureux mais ferme : « Madame, maintenant vous allez nous dire qui vous êtes et ce que vous faites ». Surprise, je m'exécute et pendant que je parle, c'est lui maintenant qui remplit de notes un petit carnet ! Prendre le temps de s'intéresser à l'autre malgré les contraintes d'une activité professionnelle intense. Une qualité rare qui révèle l'humaniste qu'est Bernard Streit.

En reprenant la route, je suis saisie par l'harmonie entre l'esprit Delfingen et la beauté du site où son histoire a pris forme en 1954. J'espère revenir un jour approfondir les aventures de cet étonnant personnage et de son entreprise.

Je suis effectivement revenue en mai 2013 pour commencer le livre sur l'histoire de Delfingen. Avant de nous lancer dans une longue série d'interviews, Bernard Streit a souhaité m'initier à l'histoire des Streit en m'emmenant sur les lieux emblématiques où tout a commencé.

D'Anteuil, nous sommes partis en Suisse, dans le canton de Berne. Bernard au volant et son épouse Françoise nous accompagnant. Bien que le temps soit pluvieux, je découvre des vallées d'une élégance radieuse comme celle de Morteau, des forêts aux verts denses, le lac de Neuchâtel d'où émerge au loin dans une sorte de sfumato la crête des Alpes bernoises. La route que nous suivons est celle qu'a empruntée le grand-père Christian Streit en 1915 pour quitter son village natal, Radelfingen, et rejoindre la France où il s'installa définitivement.

Radelfingen, en Suisse alémanique, est situé dans le Seeland, une profonde dépression au pied du Jura où coule la rivière Aar. C'est le Pays des Trois Lacs. Posé sur une colline, Radelfingen, sous un rayon de lumière, affirme le caractère plein de rigueur et d'élégance de l'architecture helvétique. Imposantes fermes jurassiennes à large façade à pignon, en pierre crépie à la chaux, comme écrasées sous leur énorme toit à bâtière qui les protège des intempéries et maintient la chaleur au plus froid de l'hiver. Anachronisme dans une Suisse à la réputation d'extrême propreté, les tas de fumier sont toujours autorisés devant les fermes. On devine que jamais ici l'existence ne fut facile. Au sommet du village, une ancienne église devenue un temple protestant. D'une blancheur immaculée, l'extérieur est aussi épuré que l'intérieur, reflet d'une conception du monde concentrée sur l'essentiel. Un trait du caractère de Bernard Streit qui est sans doute à la base de sa spectaculaire réussite professionnelle. Du petit cimetière accolé au temple, sobre et dépouillé, avec juste quelques fleurs fraîches aux couleurs vives posées sur chacune des pierres tombales, émane une poésie tout en délicatesse. Aucune tombe prétentieuse. Après vingt ans de repos dans le cimetière, les corps sont déposés dans une crypte pour laisser la place à d'autres défunts. « J'aime la modestie de ces rites », me dit Bernard qui ne supporte pas la prétention de caveaux en marbre voulus par ceux qui s'imaginent éternels.

C'est à Radelfingen qu'il vient de temps à autre se ressourcer après des moments difficiles ou au retour de longs périples autour du monde. À travers les quelques rues où marcher en arborant un cigare « est plus élégant que fumer une cigarette » disait son grand-père, il puise à chaque pas dans les racines familiales, l'énergie nécessaire pour affronter le monde éreintant des affaires.

À l'auberge du village, il n'est pas un inconnu même si les liens avec les habitants ne sont plus que souvenirs lointains. C'est dans ce décor sobre en bois clair où nous nous attablons pour déjeuner que commence le fascinant récit du destin de Bernard Streit.

I

La maison de nos pères

Streit, le « diabolique »

Je me trouvais à Rome pour une réunion à l'Académie des Entrepreneurs où j'étais régulièrement invité depuis qu'en 1996 j'avais été nommé entrepreneur de l'année. Pour ces séminaires de prestige, un hôte de marque était convié. Ce jour-là c'était Luc Ferry. Au cours du déjeuner, il se trouvait juste en face de moi. À ses côtés, deux charmantes dames ravies de l'avoir pour voisin. L'une d'elles, après bien des flatteries, lui demanda ce qu'il pensait de la mort. « Ah ! Mesdames quand on est allé jusqu'au bout du bout de la réflexion sur la mort comme je l'ai été, et bien on constate que la mort ce n'est rien ! » Le trouvant quelque peu outrecuidant, je lui ai lancé « Monsieur le Ministre, je pense que votre philosophie ne vous sert qu'à supporter le malheur des autres. On verra bien quand votre tour viendra ». Il leva la tête – jusque-là il ne m'avait pas regardé – me toisa et jeta un regard sur le petit carton agrafé à ma veste. « C'est votre nom ? » me demanda-t-il. « Oui, c'est bien mon nom » dis-je. Avec une violence non contenue, il rétorqua : « Monsieur, vous avez un nom diabolique ! » Et il ne m'a plus adressé la parole. Je me suis retenu pour ne pas l'insulter.

J'avais oublié cet incident lorsque, quelques années plus tard, je fis la connaissance de Dominique Peccoud, jésuite, nommé par le Pape Jean-Paul II pour être représentant de l'Église auprès de l'ONU et du BIT, un homme d'une immense culture. Au début des années 2000, il intervenait dans une association de patrons chrétiens sur le thème de la mondialisation et les conditions pour qu'elle soit un bienfait pour l'humanité. Je ne suis pas adhérent de cette association mais j'y ai des amis qui m'ont transmis son discours. Il appuyait sa thèse sur l'évangile de la multiplication des pains: faire partager à ceux qui ont beaucoup trop avec ceux qui n'ont rien. Ce propos me marqua au point que je mis tout en œuvre pour le rencontrer. Je lui ai alors parlé de son interprétation des évangiles et de la manière dont il avait dû être blâmé par les chrétiens. Au cours de la conversation nous en arrivons à parler de Luc Ferry, le père Peccoud ayant eu l'occasion de participer à un débat avec lui. Sans détours, je lui dis « Ah ! Vous avez rencontré ce beau parleur ? » Surpris, il m'interrogea et je lui fis le récit de ce fameux déjeuner. Le père m'apprit alors que Luc Ferry parle plusieurs langues dont l'allemand à la perfection. En voyant mon nom il a tout de suite compris qu'il signifiait « querelle ». Bien qu'agnostique, il connaissait fort bien les fondements de la religion chrétienne. Il savait que tout ce qui unit les hommes c'est Dieu donc l'amour et tout ce qui les sépare c'est le Diable donc la haine. En quelques secondes, il avait assimilé « Streit » au diabolique ! Ce fut pour moi une incroyable leçon de vie. Je me suis dit : « Bernard, avant de penser que les gens sont des imbéciles, tu devrais d'abord te dire que tu es inculte ! ».

J'ai passé une grande partie de ma vie à tenter de sortir de cette inculture !

Quand nous étions enfants mon grand-père, Christian Streit, aimait à nous raconter l'histoire de notre nom. Il y a bien longtemps, un garçon du village avait été surpris dans les bois par un loup. Dominant sa peur, il s'était aussitôt allongé sur le sol en faisant le mort. L'animal s'était alors approché pour le renifler en posant deux pattes sur les épaules du garçon et le museau sur sa nuque. À ce moment le garçon qui était fort et puissant, avait saisi les deux pattes du loup et en se redressant l'avait tenu debout, la gueule éloignée. En se défendant de ses pattes arrière, la bête lui avait labouré les mollets jusqu'au sang. Malgré la douleur, il était parvenu à tirer l'animal jusqu'au village où les habitants le tuèrent. Il conserva des cicatrices sur les jambes et fut baptisé « Streit » par la population. Ainsi serait né notre nom. C'est une légende mais j'aime y croire.

—— Exode rural ——

J'avais dix-huit ans quand mon grand-père Christian est mort. Je n'ai aucun souvenir ni de tendresse ni de démonstration affective avec lui. Il a travaillé comme un fou jusqu'à la fin de sa vie pour finir de payer sa ferme. Tous ses petits-enfants avaient une profonde admiration pour lui. C'est un homme qui avait été élevé à la dure, sans parents ni amour.

On sait peu de choses de son histoire. Ses parents, protestants comme l'ensemble de la population du canton, sont morts jeunes. Dans le village, une de ces grandes maisons devait être celle de mes arrière-grands-parents Streit. Après leur disparition, la ferme a été vendue et les enfants – Christian avait un frère handicapé mort à dix-sept ans, et un autre plus âgé que lui – ont été placés. Orphelin, Christian se retrouve garçon de ferme chez les Weber dont les revenus viennent principalement des fruits.

À l'école du village, comme le canton parle un dialecte, la première chose que fait l'instituteur, monsieur Räz, c'est d'apprendre aux enfants à lire et parler l'allemand. En été, les six filles et les deux garçons de l'instituteur viennent aider aux travaux de la ferme Weber, les deux maisons se trouvant à proximité. Le jeune Christian tombe amoureux de Marie Räz, l'une des filles. Amour partagé par Marie, bien que tout deux soient d'un niveau social fort différent.

Mes grands-parents maternels, les Räz, étaient instituteurs depuis le milieu du XIXe siècle, comme l'avaient été leurs propres parents dans la même maison où l'habitation se situait à l'étage et l'école au rez-de-chaussée. Rien n'a changé depuis que mes parents m'y ont emmené pour la première fois, il y a fort longtemps.

Dans les années 1912-1913, la Suisse qui subit une forte dégradation de ses ressources agricoles, assiste à l'accélération de l'exode rural. Comme beaucoup de ses compatriotes, l'employeur de mon grand-père, M. Weber, veut quitter un pays où les terrains sont devenus tellement chers qu'il ne peut plus développer son affaire. Il achète en France la ferme de La Verrière à l'Isle sur le Doubs, un village proche d'Anteuil, mais doit attendre pour s'y installer le départ du fermier qui a un mandat sur le bâtiment jusqu'en 1915.

Lorsqu'éclate la guerre de 14, son épouse refuse de quitter la Suisse. M. Weber propose alors à son employé d'aller s'occuper de la Verrière. Christian Streit accepte et prend en charge l'exploitation pour le compte de la famille Weber. Puis les Weber réalisant qu'ils ne viendront jamais s'établir en France lui proposent de la racheter, ce qu'il fait, à un prix qu'on ignore, avec un crédit sur des années. C'est ainsi qu'en 1915, Christian immigre définitivement en France pour devenir propriétaire de son exploitation agricole. Dans un premier temps, il vient seul. Marie le rejoint plus tard. Elle quitte une maison où il y a l'eau courante, l'électricité et le téléphone pour s'installer dans une ferme perdue au milieu de nulle part, sans eau courante, ni électricité ni téléphone.

Mon grand-père disait toujours : « Quand j'va mourir vous allez découvrir de drôles de choses ». En effet, le couple n'est pas encore marié qu'il a déjà deux enfants, mon oncle Otto et ma tante Nelly. Après sa mort, en regardant son livret de famille nous avons réalisé qu'ils s'étaient mariés plus tard. Cela a dû déclencher un véritable scandale à l'époque. Tout le village de Radelfingen connaissait l'histoire de la fille Räz partie en France avec un ouvrier agricole sans être mariée. Une de ses sœurs plus âgées, Hélène, a épousé un homme très fortuné de la région de Berne. Ils sont partis en croisière à New York et ne sont jamais revenus. Le pauvre père Räz a dû souffrir avec ses deux filles. L'une partie sans être mariée avec un garçon de ferme, et l'autre disparue aux États-Unis. Sans doute devait-il y avoir bien des problèmes et bien des secrets au sein de cette famille.

Christian Streit arrive donc à vingt-sept ans à Anteuil, au moment où une quarantaine d'hommes du village sont sur le front, dont seule la moitié reviendra. Il ne parle pas français, n'a pas un sou et doit survivre à une époque où rien n'est simple surtout en temps de guerre. Cet épisode qui révèle le courage et la pugnacité d'un homme est important pour comprendre l'évolution de la famille. Et percevoir son influence sur mon propre destin. On peut imaginer le choc culturel qui fut celui de mes grands-parents. Je vois en vieillissant le fil rouge qui a guidé ma vie. Mais je n'en ai pris conscience que tardivement.

Christian Streit et son épouse Marie avec leurs deux premiers enfants, Otto et Nelly, après leur installation à la ferme de la Verrière en 1915. Arrivés du canton de Berne, sans un sou et ne parlant qu'allemand dans une France en guerre, ils eurent le courage de braver l'adversité pour construire leur vie sur ce coin de terre.

—— Force et courage d'un paysan ——

Rien ne fut épargné à Christian Streit dans son existence de labeur. Dès son arrivée, il s'est heurté à la méfiance et aux préjugés des Français. Non seulement mon grand-père était d'origine alémanique mais en plus il s'installait dans une ferme qui n'était pas très propice au bon élevage. Au début du XXe siècle dans les campagnes, les mairies vendaient l'herbe sur pied aux paysans. Ils venaient la faucher, la faisaient sécher et la ramassaient. Dès 1916, Christian a tenté d'acheter aux enchères de l'herbe à couper. Mais les villageois se sont aussitôt demandés s'ils pouvaient vendre de l'herbe « à un boche » Dans leur sagesse, les habitants ont fini par décider qu'il était Suisse et la lui ont vendue. Il n'était cependant pas équipé pour grimper sur les hauteurs d'un coteau et récupérer son herbe. Il a loué une charrette avec un cheval mais pour faire une économie sur la location, il a ramené l'animal à son propriétaire puis a redescendu seul la charrette chargée de fourrage, en activant le frein quand il le fallait.

D'un esprit ouvert et astucieux, il a vite compris que pour s'en sortir il fallait investir dans du matériel moderne comme les faucheuses mécaniques. Dès qu'il a commencé à bien gagner sa vie, il a suscité la jalousie des autres exploitants.

Si pour lui ce fut difficile pendant la guerre de 14, l'épreuve de la Seconde Guerre mondiale fut bien plus dure encore. Le conflit en France s'était rapidement transformé en guerre civile sous l'occupation allemande.

Les problèmes ont commencé quand les Allemands ont réquisitionné comme traducteurs les Suisses alémaniques, ce qui jetait forcément la suspicion sur eux et créait des tensions avec la population locale. Pour nourrir leurs troupes, les Allemands ont aussi beaucoup développé la production agricole dans la région et sont venus à La Verrière avec des techniciens autrichiens pour faire des essais de plantation de blé. Leur présence régulière à la ferme a dû perturber l'environnement et influer sur l'opinion des gens du village.

Juste avant les horreurs de la guerre, en 1938, mon grand-père perdit son épouse Marie, l'amour de sa vie. Celle qui l'avait suivi et soutenu durant une existence particulièrement difficile avait quarante-trois ans et souffrait de pneumonie. L'année précédente, mon oncle Otto avait commencé la fabrication de matériel agricole à l'initiative de son père qui lui avait demandé de réparer un tombereau. Il disposait donc entre autres outils d'un chalumeau. Lorsque ma grand-mère commençait à s'étouffer, mon père et mon oncle utilisaient les bouteilles d'oxygène du chalumeau pour remplir des ballons de fête foraine qu'ils vidaient doucement sous le nez de leur mère afin de l'aider à respirer. Quand les bouteilles étaient vides, ils prenaient leur vieux tacot et allaient les faire remplir à Montbéliard.

Ma grand-mère est morte au printemps. Quelques jours avant qu'elle ne décède, elle avait dit à mon père qui avait dix-huit ans :

« J'aimerais bien que tu me portes jusqu'à la fenêtre pour que je vois encore une fois les cerisiers en fleurs ».

Dans leur ferme dépouillée de tout, ma grand-mère Marie rêvait d'avoir un beau parquet dans sa salle à manger. Son mari le lui promit. Elle est morte quelques heures avant qu'il ne soit livré et n'a jamais vu son beau parquet.

Marie Streit était une grande dame, intelligente, éduquée, cultivée alors que mon grand-père était un rural. L'amour entre eux a dû être très fort. Sa mort fut une terrible perte pour la famille.

Deux ans plus tôt, en 1936, la ferme a brûlé. Des gens du village se souvenaient avoir entendu ma grand-mère hurler au secours. C'est ainsi qu'ils sont venus aider à éteindre les flammes. Une partie du corps de ferme a pu être sauvée grâce à l'initiative de mon oncle Otto qui a pu mettre en œuvre astucieusement et rapidement un petit tuyau et une pompe. Malheureusement les trois quarts des bâtiments sont partis en fumée. Des cousins de mon grand-père étaient venus travailler dans l'exploitation. L'un d'eux avait trouvé une petite amie au village. Il allait la voir avec une petite moto. Ce soir là, il n'avait pas d'essence. Il est allé dans le garage pour en voler un peu dans le réservoir de la vieille Ford de mon grand-père. Dans le noir, il a allumé son briquet pour retrouver le bouchon du réservoir qu'il avait laissé tombé. Il a mis le feu à la Ford qu'il a voulu sortir du garage mais n'a pas réussi. Alors il s'est sauvé et tout a brûlé. Quand tout fut éteint, mon grand-père a remarqué que la Ford avait été déplacée. Il a retrouvé le bouchon ainsi que le briquet. Il a donc compris ce qui s'était passé. Il est allé retirer sa plainte à la gendarmerie. Puis il a pris le cousin entre quatre yeux, lui a intimé l'ordre de l'aider à reconstruire et ensuite de disparaître à tout jamais. Pour mon grand-père Christian qui approchait de la cinquantaine, le coup fut très rude. D'autant plus rude qu'à peu près au même moment, son frère aîné, Bendicht, qui avait acheté une ferme en Lorraine, achat pour lequel mon grand-père s'était porté caution, mourut. Du jour au lendemain, il s'est retrouvé avec deux enfants de plus à élever et une seconde ferme à payer alors que la sienne n'était plus qu'un tas de cendres.

Après l'incendie, toute la famille s'est mise à reconstruire les bâtiments, les affublant de toits en W comme ceux des usines, une partie étant destinée à l'atelier où mon oncle Otto et son frère Émile, mon père, ont commencé à construire des machines agricoles. On voit encore quelques traces de leurs outils et des vieilles machines. Il reste l'établi sur lequel ils ont commencé. Aujourd'hui tout est rouillé, à l'abandon dans le cri assourdissant des oies ! Au fond il y avait un escalier en bois avec une rampe sur lequel je jouais à l'acrobate quand j'étais gamin. Par là on accédait directement à la cuisine. À gauche se trouvait le stock de bois. J'ai une photo où l'on voit mon oncle Otto et mon père dans une belle salopette. Deux portes fermaient l'atelier sur lesquelles était collée une grande enseigne de publicité pour de l'huile.

Otto Streit, le fils aîné de Christian et de Marie s'est révélé être un bricoleur inventif et doué. Il est sur le tracteur qu'il a lui-même fabriqué en rassemblant des vieilles pièces d'automobiles. Il sera le premier à mettre des pneus à la place des roues en bois des carrioles pour les consolider et faciliter leur déplacement.

—— La puissance des origines ——

C'est Jean, mon cousin germain, qui a repris la Verrière à la mort de son père. Le pauvre est rongé par l'idée de ne pas avoir eu de fils pour prendre la succession. Il a soixante-trois ans et reste arcbouté sur cette déception. Il a eu trois filles dont l'une souhaite reprendre l'exploitation. Jean a épousé une jeune parisienne venue en vacances à l'Isle-sur-le-Doubs. Ils sont tombés amoureux, se sont mariés alors qu'elle n'avait jamais mis les pieds dans une ferme. Et une ferme aussi isolée où il n'y a jamais eu de clés. Pendant longtemps il n'y avait même pas d'éclairage à l'extérieur. Elle s'est mise à épauler son mari avec un courage remarquable. Aujourd'hui encore, elle trait les vaches et rentre les foins avec la plus jeune de leurs filles.

J'y emmène régulièrement des clients pour leur montrer d'où je viens. Un jour j'y ai conduit des entrepreneurs indiens dont on rachetait l'usine. Ce fut pour eux un moment d'émotion car pendant la guerre, il y a eu ici une effroyable histoire avec quelques-uns de leurs compatriotes. Dans le train qui faisait le trajet l'Isle-sur-le-Doubs/Bâle, six Indiens, prisonniers de guerre qui étaient emmenés en Allemagne, ont sauté en marche. Ils se sont sauvés et sont arrivés dans la cour de la Verrière. Ils tentaient d'expliquer leur situation à mon grand-père qui, entendant soudain les camions allemands grimper le chemin, a décidé de les cacher et les a poussés dans le fumier des cochons. Mais en dix minutes, les soldats les ont retrouvés et chargés dans leur camion. Fous de rage, ils ont décidé d'exterminer la famille et donné l'ordre de la regrouper face au mur pour l'exécuter. L'une des sœurs de mon père, Jeannette, avait la polio. Elle était incapable de tenir debout. Alors un soldat a été chercher une chaise pour l'asseoir. Profitant de ce laps de temps, mon grand-père Christian s'est avancé droit sur l'officier et dans un allemand parfait lui a dit : « T'es qu'un voyou, le Führer aurait honte de toi ». Il y eu un grand blanc puis l'officier s'est emporté en demandant des explications. Mon grand-père s'est présenté comme Suisse alémanique. L'officier a renoncé à l'exécution. Je me suis toujours souvenu de la manière dont mon grand-père avait apostrophé l'officier. Sans cette vive présence d'esprit, toute la famille aurait été passée par les armes. Une remarquable façon de surprendre et de déstabiliser l'adversaire au moment où il ne s'y attend pas. Cela demande du courage et pas mal d'aplomb pour enfreindre certaines règles sociales. En repensant à lui, il m'est souvent arrivé d'interpeler ainsi les gens quand je n'ai que quelques secondes pour faire passer un message important.

À défaut de décimer une famille, les Allemands ont emmené deux de mes oncles : Walter et le plus jeune, René. Tous deux avaient une quinzaine d'années. Ils les ont mis dans le camion avec les Indiens et les ont enfermés dans une maison en face de la gare où ils sont restés plusieurs jours. De son côté mon grand-père a sauté sur sa bicyclette pour se rendre au consulat suisse à Besançon. Les Allemands essayaient toujours de ne pas avoir d'histoire avec les Suisses alémaniques. On ignore ce qui a provoqué cette exécution, toujours est-il que les soldats ont sortis les prisonniers indiens et les ont tués à coups de crosses sur le ballast devant les yeux de mes oncles. Ensuite ils ont poussé les deux garçons jusqu'à la Verrière, bien décidés à mettre la main sur les maquisards qui venaient s'y ravitailler. Par chance, ce jour-là ils avaient déjà disparu. Alors les Allemands sont repartis. Cela se passait en 1943. Mes oncles ne s'en sont jamais remis. Tous les deux ont eu une vie déséquilibrée.

À la Libération, les Français ont eu un comportement presque plus déplorable. Les troupes françaises sont arrivées à la Verrière en traitant ses habitants de « pourris de collabos », bien décidés à les supprimer mais en repoussant l'exécution de jour en jour. Mon père et mon oncle qui travaillaient à Clerval, n'étaient pas au courant. Quelques jours plus tard, ils montèrent à la Verrière et apprirent de mon grand-père ce qui se tramait. Mon père est allé immédiatement rencontrer le chef des maquisards à l'Isle-sur-le-Doubs qui, sans hésiter, est venu à la Verrière pour parler au sous-officier. Aussitôt ordre fut donné aux soldats de se retirer. Les Français sont partis sans un mot d'excuse, sans même dire au-revoir, en méprisant totalement la famille qu'ils venaient de menacer de mort. Mon grand-père, tout comme ses quatre fils, ne l'a jamais digéré. Ils en ont toujours voulu à l'armée française pour laquelle ils affichaient le plus grand mépris.

À un moment de leur existence, mes grands-parents Streit ont traversé une période tellement difficile qu'ils n'avaient même plus les moyens d'acheter de chaussures aux enfants qui sont allés pieds nus toute une saison. Je l'ai appris très tardivement, lors d'un voyage aux États-Unis avec ma tante Nelly, une femme exceptionnelle qui, au décès de sa mère, a assumé la charge de toute la famille. Dans l'avion du retour, ma tante commence à me raconter des histoires de famille dont ce fameux épisode. Sur le moment je n'y crois pas, pensant qu'elle exagère comme elle avait coutume de le faire, voyant la misère partout. Quelques jours plus tard, en rentrant je dis à mon père : « Ta sœur nous a encore raconté une histoire misérabiliste incroyable ». Mon père répliqua en riant : « C'est vrai, on allait pieds nus et on avait les pieds tellement endurcis qu'on pouvait courir dans les champs d'étoupes sans se blesser ! » Ce qui m'a finalement le plus sidéré c'est la différence de perception des événements entre frère et sœur. Émile en plaisantait alors que Nelly ne s'était jamais remise de ses origines modestes. Elle a toujours considéré que venant d'une famille pauvre elle ne pouvait pas avoir d'autre place dans la société et donc ne pouvait qu'être socialiste ! Son mari instituteur promu directeur des écoles était militant de la Section Française de l'Internationale Ouvrière (SFIO). Leurs prises de position à gauche rendaient les réunions familiales des plus houleuses. Comme il était le seul instruit de la famille, il prenait tous les autres pour des demeurés. Gamin, j'écoutais leurs querelles tout en entendant ma mère répéter sans relâche « ne vous lancez pas sur la politique sinon c'est une catastrophe ! » Bien que petit artisan, mon père était de droite. D'ailleurs pour les gens du village, la famille Streit qui avait si bien réussi, ne pouvait être que riche et de droite !

La prise en charge par mon grand-père des deux enfants de son frère a créé des liens très forts entre les descendants des deux familles. Les quatre garçons de mon grand-père se sont lancés dans les affaires. Tous les Streit ont été portés par l'esprit d'entreprendre. Nous sommes aujourd'hui une quinzaine de cousins avec une relation de grande proximité, surtout notre génération. Ce n'est pas le cas des générations suivantes dont les relations se distendent. J'ai toujours fait en sorte d'être le lien en cultivant l'histoire familiale. Très peu d'entre eux s'y intéressaient. À présent, ils se sentent davantage concernés.

Nous étions venus un jour à Berne faire une recherche dans les registres de l'état civil sur le nom de l'arrière-grand-père que nous avions en commun afin de préparer une grande réunion familiale autour de la généalogie des Streit. Nous n'avons pas pu aller plus loin dans les recherches que notre arrière-grand-père compte tenu d'une coutume chez les Streit d'appeler tous les aînés Bendicht donc Benoît. J'étais venu quelques semaines auparavant réserver une table pour quatre-vingts personnes dans l'auberge de Radelfingen. Grande fut ma surprise de constater que la propriétaire du restaurant ne m'a pas demandé un franc suisse d'acompte pour la réservation. Je l'ai dit à mon père. Il m'a répondu que c'était une manière d'exprimer sa confiance. Par contre, si nous trahissons cette confiance ce n'est plus jamais la peine de revenir au village ni dans les environs ! Les descendants des Weber ont quitté Radelfingen pour s'installer dans un bourg pas très loin. Dans les années 2000, lors d'un voyage en Suisse, avec mon cousin Jean, nous sommes passés leur rendre visite pour la première fois. Sous forme de boutade, Jean leur a demandé si on leur devait encore quelque chose pour la ferme. La réponse de madame Weber a été très claire : « Si on vous dit d'entrer c'est que vous ne nous devez plus rien » ! Le deal avait dû être fait de la main à la main et tout le monde savait que mon grand-père Christian Streit avait été correct et avait fini de payer sa dette. Il n'avait laissé aucun testament. Personne ne savait que l'argent de la ferme avait été chaque année aspiré par ce qu'il devait aux Weber. Après chaque bonne récolte Christian disparaissait sans rien dire à personne. Il allait en Suisse payer son échéance et ce presque jusqu'à sa mort. Il faisait la route La Verrière, Morteau, Neuchâtel, Radelfingen. Au moins une fois par an, il s'échappait pendant plusieurs jours. Il prenait sa voiture pour aller payer ses annuités et revoir ses amis. En raison de ses remboursements étalés sur une si longue période, de son vivant, il n'avait pu partager la ferme entre ses enfants. Ce que nous avons compris bien plus tard. Il est mort en 1970 dans d'atroces souffrances d'un cancer de l'intestin. Un paysan est riche quand il meurt. Aussi après son décès, ses fils se sont rapidement entendus sur l'héritage, soucieux que Walter qui avait travaillé toute sa vie auprès de son père pour l'aider à payer la Verrière ne se trouve pas dans l'obligation de la payer une seconde fois à ses frères.

II

Otto et Émile, les précurseurs

Les Moustier

Comme son fils aîné Otto ne s'intéresse pas aux travaux de la ferme, mon grand-père l'incite à prendre en charge les réparations du matériel. Il se prend au jeu, commence à fabriquer lui-même du matériel agricole et crée sa propre entreprise. Mon père qui a quatre ans de moins, lui emboîte le pas. Leur affaire se développant, ils n'ont bientôt plus suffisamment d'espace dans l'atelier de la ferme. Ils ont repéré au village de Clerval, une ancienne fonderie tombée en faillite en 1936. Une aubaine pour les deux frères qui proposent au propriétaire, le marquis de Moustier, de louer le bâtiment pour développer leur affaire. Les Moustier acceptent à la condition qu'à la fin de la guerre, ils s'associent. Marché conclu. Otto et Émile passent donc les quatre années du conflit à fabriquer du matériel agricole.

Les Moustier sont une célèbre famille de la région. Le marquis Léonel de Moustier que mon père a connu, était directeur des charbonnages de Marles et vice-président de la Chambre d'agriculture départementale. Dans notre parcours professionnel, le Marquis a eu un rôle prédominant. S'il fut un piètre industriel, c'était par ailleurs, un homme très éduqué. J'ai lu récemment le livre très émouvant écrit par l'un des fils en hommage à son père. La famille Moustier n'a jamais quitté son château de Bournel, même à la Révolution. N'ayant pas cédé à la tentation de Versailles, ils avaient conservé un relationnel très fort de droits et de devoirs sur leur secteur et comme aucun révolutionnaire n'est venu de Paris pour semer la terreur dans la région, ils n'ont pas eu de problème.

Otto et son frère Emile, père de Bernard Streit, à la Verrière devant la porte de l'atelier qu'ils ont aménagé pour réparer et fabriquer du matériel agricole. Pour la famille Streit, Otto est à l'origine du passage du monde paysan au monde industriel. Il a insufflé cette ambition à son frère Emile.

Le marquis Léonel était un opposant farouche à Pétain. Au moment de l'armistice de 1940, il a fait partie des quatre-vingts parlementaires qui votèrent contre les pleins pouvoirs au Maréchal. Pour lui, l'armistice était une « trahison » et Pétain un « traître ». Figure légendaire de la Résistance, face à Laval qui menaçait de lui retirer tous ses biens, il rétorqua : « Vous pouvez tout me prendre fors l'honneur ». En revanche, comme chef d'entreprise, mon père disait : « Il n'est pas fait pour ça ! » Il est mort en déportation quelques semaines avant la Libération. Le château où vit toujours la famille depuis 450 ans, a été le refuge de beaucoup de résistants, communistes, réfractaires. Proche des Habsbourg, le marquis et sa famille auraient pu échapper à la guerre mais il a toujours refusé la fuite. Mon père était au château la veille de son arrestation. Il devait lui rendre des comptes sur la restauration des bâtiments. Moustier lui demandait aussi de venir y chercher tous les gars qui s'y cachaient afin d'entretenir et rénover les bâtiments de l'usine. Ce soir-là le marquis a disparu, sans doute aux abois. Le lendemain les Allemands ont encerclé le château et l'ont arrêté avec deux de ses fils, Guy et Henri. Bien qu'officier, il refusa tout traitement de faveur. Son fils Henri avec qui il fut emprisonné en camp, a survécu. À son retour il n'avait plus que la peau et les os. Il est retourné plus tard chercher le corps de son père. Sentant la défaite arriver, les Allemands préféraient réserver le gaz et l'essence à leur défense plutôt qu'à brûler les morts. Ce qui a servi à légitimer la thèse des révisionnistes, et le commandement allié s'opposa au rapatriement du corps du Marquis afin de ne pas alimenter cette thèse. Il a fallu l'intervention de De Gaulle pour que ce grand résistant soit dignement enterré dans la propriété du château où les héritiers ont récemment aménagé un parcours de golf et ouvert un hôtel. Le Marquis qu'avaient connu mon père et mes oncles a été fait Compagnon de la Libération à titre posthume. Ce qui est intéressant pour nous dans l'histoire des Moustier, c'est de constater qu'ils avaient tout pour réussir, le nom, l'argent, tous les réseaux parisiens alors que notre famille n'avait rien sauf peut-être l'intelligence et l'instinct des affaires. L'expérience m'a appris que dans la vie, le pire n'est jamais sûr. Partir de rien pour atteindre le sommet fait partie du domaine des possibles. Mais quand on part de rien on doit se battre davantage encore.

En 1989, année du bicentenaire de la Révolution, je reçois un coup de fil de Monsieur Pozzo di Borgo, de la cellule royaliste de Montbéliard, qui me dit : « Son Altesse, le Comte de Paris, va venir et voudrait visiter une entreprise où l'aspect humain est pris en compte ». Mes parents m'ont toujours répété que ceux qui avaient coupé la tête du roi étaient des voyous. Nous n'avons jamais fêté le 14 juillet car pour nous les révolutionnaires n'étaient que des vauriens qui avaient mis à feu et à sang la France et l'Europe. Donc j'accepte de le recevoir dans notre entreprise. Comme je n'ai pas une connaissance approfondie de l'histoire, j'accueille le Comte en lui disant fièrement qu'il est le bienvenu dans une famille qui ne pardonne pas à ceux qui ont tué le roi de France. Sur le coup, il ne dit rien. Lui et son épouse passent plusieurs heures chez nous, déjeunent et avant leur départ, je leur demande s'ils vont profiter de leur passage dans la région pour rencontrer le marquis de Moustier. Là, le Comte s'arrête, me regarde et me lance : « Je ne lui parle plus depuis 1789 ! » J'ignorais bien sûr que la mort du Roi avait été votée à une voix, celle de son aïeul alors que, je l'appris à cette occasion, les Moustier eux, s'étaient opposés à la condamnation de Louis XVI. Pour moi, ce fut une belle leçon d'histoire.

—— Le miracle du plastique ——

En 1945, en accord avec les Moustier qui leur proposent de s'associer pour produire des brides métalliques de raccordement de tuyaux, les frères Otto et Émile Streit cessent la fabrication de matériel agricole pour créer la société FMMAI (Fabrique de Machines et Matériel Agricoles et Industriels) où ils ne seront que minoritaires. Cette entreprise va fabriquer des millions de tonnes de brides métalliques. Un jour au cours d'un dîner avec la famille royale belge à laquelle ils sont apparentés, les Moustier entendent parler du plastique. En effet, cette matière qui en soi n'est pas nouvelle, a bénéficié de l'élan scientifique et technologique insufflé à l'industrie allemande par la guerre. Voyant là un produit d'avenir, ils demandent à mon père de quitter la FMMAI pour aller suivre une formation à Anvers, en Belgique, dans une usine de leur cousin. À son retour, il aménage une partie de la fonderie pour créer pour le compte de la famille Moustier, une entreprise d'extrusion de plastique qui deviendra Plastival et qui fabrique des profilés pour la fabrication de fenêtres et portes et d'autres articles extrudés. Inventif, Émile imagine les premiers moules pour les bouteilles en plastique. Mais là les Moustier l'arrêtent, persuadés que le créneau n'est pas porteur ! Sans eux pourtant, mon père n'aurait jamais eu l'idée de se lancer dans le plastique qui, à l'époque, révolutionne l'industrie.

Pour offrir un travail à leur sœur Jeannette handicapée, Émile et son frère René créent ensemble le 14 octobre 1954, une petite entreprise baptisée Sofan puis Sofanou (Société de Fabrication Nouvelle), installée rue de Pontarlier à Sochaux, dans une ferme. Jeannette y a un petit appartement au-rez-de-chaussée. Trois pièces: une cuisine qui donne sur l'atelier et derrière une chambre aveugle. Mon père y a installé la première machine à souder pour réaliser les pochettes en plastique destinées à la protection de documents tels que permis de conduire ou carte grise.

En 1956, mon père finit par se fâcher avec les Moustier et quitte Plastival. Après cette rupture, il reprend une activité de serrurerie et de ferronnerie dans la ferme de Sochaux où travaille déjà ma tante. Ses revenus alors sont dérisoires. Sans les allocations familiales et sans cette nouvelle activité, il n'aurait même pas eu de quoi nous élever.

Quand j'étais gamin je venais chez ma tante l'après-midi pour peindre les barrières faites par mon père. J'y ai passé une partie de ma jeunesse avec mon cousin Henri dont le père René, associé dans Sofanou, avait ouvert une petite superette très proche de la ferme. Dans les années 60, Jeannette, femme intelligente et affectueuse qui était aussi ma marraine, fait une profonde dépression. Mon père la fait hospitaliser, ferme l'atelier de Sochaux et installe toute son activité à Anteuil. Ma tante une fois guérie, finit sa carrière dans notre atelier en 1984.

—— Émile, créatif dans l'âme ——

Dès que le plastique s'est développé, mon père a arrêté la serrurerie pour se lancer dans l'extrusion. De son côté, Otto va vivre une expérience similaire. Il quitte les Moustier pour une raison identique à celle de mon père, et crée sa propre entreprise dans le sous-sol de sa maison pour faire de l'usinage de pièces métalliques qui trouve sa continuité aujourd'hui dans Streit Industrie.

Ni mon père ni mon oncle ne sont allés à l'école. Ils n'allaient en classe que lorsqu'il pleuvait. Le reste du temps ils travaillaient à la ferme. Ils ont tout appris seuls. Mon père savait lire et écrire mais c'était très compliqué pour lui. Il lisait très lentement. Par contre c'était un grand créatif.

Mon oncle Otto nous a fait passer du monde paysan au monde industriel. Il avait un sens inné de ce qu'il fallait faire et un fabuleux instinct pour les affaires. Il était dans ce domaine bien plus fort que mon père. Otto me dit toujours que j'ai comme lui un formidable instinct pour les affaires. Trop de connaissances théoriques tuent souvent l'instinct animal nécessaire dans la jungle affairiste. A quatre-vingt-dix-sept ans, mon oncle Otto est un personnage incroyable avec une santé extraordinaire et un bon sens impressionnant. Il y a quarante ans déjà il m'expliquait comment la France allait dans le mur dirigée par une équipe d'incapables « sortis des grandes forges à connards » sa manière de parler des grandes écoles.

Otto est assis à côté des brides métalliques dont il a fabriqué des millions de pièces. Formidablement ingénieux et entreprenant sans avoir jamais fait d'études, il est devenu un brillant chef d'entreprise en créant Streit Industrie que dirige à présent son fils Roland.

Dans ce qui fut notre moteur, il y a l'humiliation engendrée par notre position d'immigrés. Les accusations d'avoir été des collabos qui blessent et révoltent. Une des toutes premières motivations à vouloir réussir vient de là. Cette revanche sur le mépris et la méchanceté gratuite. Mes parents en ont beaucoup souffert. J'en ai moi-même énormément souffert. Quand j'étais enfant, on nous traitait encore de « boches ». C'était très dur à accepter. À la maison ma mère nous interdisait de prononcer ce mot. Elle l'avait trop entendu contre mon père et mes oncles. Elle pouvait nous punir très sévèrement si l'un de nous l'employait. Quand son mari s'exprimait en allemand avec son propre père, elle était à l'affût de ceux qui auraient pu les entendre. Elle nous a transmis cette névrose.

III

La Maison d'Anteuil

Michèle et Émile

Mes parents se sont mariés en 1950. Michèle, ma mère, était une fille du village, française et catholique alors que mon père Émile était suisse et protestant. Le jour de leur mariage à Anteuil, le curé leur a refusé la nef centrale et après d'âpres négociations leur a accordé la nef de Saint Joseph. Ma mère en fut blessée. Pour son enterrement en 2011, elle avait tenu à ce que le prêtre et le pasteur célèbrent ensemble l'office. Lors du discours que je fis ce jour-là, j'ai expliqué que ma mère nous avait donné une belle leçon d'intelligence car elle avait pardonné l'affront subi lors de son mariage. Pour son dernier voyage, son cercueil reposait dans la nef centrale. J'ai été orphelin à cinquante-neuf ans. Le travail de deuil m'a permis de comprendre beaucoup de choses sur mes parents et sur notre histoire. Bien que n'ayant pas de relation fusionnelle avec eux, leur absence est bien plus difficile à accepter que je ne l'aurais imaginé. Le regain d'activité que j'ai déployé après leur disparition a été une manière de ne pas y penser et de moins souffrir.

Ma mère était issue d'un univers d'extrême pauvreté. Son père, Élisée Dodivers, cantonnier au village, est mort lorsqu'elle avait cinq ans. Restée veuve, son épouse Georgette a vécu de ménages et de lessives. Femme très pieuse, ma mère nous a élevés dans un esprit œcuménique, allant prier aussi bien chez les protestants que chez les catholiques. Mes parents nous ont baptisés catholiques mais nous sommes profondément protestants.

Habituée à vivre une existence proche de la misère, ma mère ne pouvait concevoir que je sois parvenu à une telle réussite en étant honnête. Pour elle, il était impossible de passer d'une situation de pauvreté telle qu'elle l'avait connue à la réussite d'un chef d'entreprise sans avoir volé la société et les gens. Son sens de l'honnêteté était sans limite. Un jour mon père est rentré avec un ami après avoir acheté deux anciens bâtiments ayant appartenu à l'armée américaine. S'adressant à ma mère, l'ami lui dit : « Ah ! Mère Streit ! On a fait une affaire ! Les Américains en ont facturé un et on en a pris deux ! » Ma mère s'est mise en colère et leur a dit : « C'est clair ! Vous allez retourner chez les Américains, et vous payez le deuxième ou vous leur rapportez ! On n'est pas riches mais on n'est pas des voleurs. » Mon père est resté silencieux, son ami stupéfait. En bon protestant et bien que non-pratiquant, mon père n'avait pas du tout le même regard, pas la même approche du monde du travail.

Élisée, mon grand-père cantonnier, a eu un destin tragique, une existence rude et bouleversante. Sa mère, une belle jeune femme, s'est retrouvée deux fois enceinte de deux hommes mariés du village. Elle a eu une fille puis un garçon, mon grand-père. Les deux pères se sont cotisés pour l'envoyer aux États-Unis en laissant les deux gosses au village, chez leur grand-mère maternelle qui les a placés dans des fermes. À New York, elle s'est mariée à l'église Saint-Patrick et n'est jamais revenue en Europe. Chaque fois que je suis à New York, je vais me recueillir dans cette célèbre église en pensant à mon arrière-grand-mère au destin étrange. Bien des années plus tard, on a retrouvé chez l'un de ses lointains cousins, à Anteuil, une pile de lettres reliées qu'elle avait envoyées pour avoir des nouvelles de ses enfants. Mon grand-père a donc été élevé par des paysans, est devenu cantonnier, a fait deux ans de service militaire puis cinq années de guerre avant d'être libéré en 1919. C'était un homme complètement détruit, alcoolique, qui est mort à quarante-six ans. Il vivait avec sa femme Georgette dans la petite maison où l'entreprise a démarré. Le couple faisait chambre à part. Les marches pour aller au premier étage étaient très raides. Un samedi soir, il est rentré totalement ivre et a chuté dans l'escalier. Le matin, ma grand-mère est partie pique-niquer avec son frère. Au retour ne voyant toujours pas son mari, elle est entrée dans sa chambre pour le trouver mort dans son lit. Après sa chute, il était parvenu à remonter se coucher avant de mourir d'une hémorragie cérébrale. Certains au village en ont conclu que sa femme l'avait poussé car elle ne le supportait plus. Un vieux du village m'a un jour parlé de lui. « Ah ! Ton grand-père c'était un teigneux ! Quand il est rentré de l'armée il était violent. » Il avait été envoyé trois fois à Verdun où Pétain avait instauré un système de relève des troupes tous les quinze jours afin que les soldats puissent faire une pause. Quand on connaît trois fois l'enfer de Verdun, on finit par perdre la raison. Pétain a fait beaucoup pendant la Grande Guerre pour réduire les pertes humaines. Enfant, j'ai rencontré d'anciens poilus qui tous le vénéraient. Le culte du Maréchal était bien ancré dans toute une partie de la population. C'est la raison pour laquelle on a fait appel à son bon sens en 1940. Malheureusement il n'était plus le héros de 14.

—— La demeure d'une vie ——

C'est dans cette maison familiale d'Anteuil où Michèle, ma mère, est née en 1928 que mes parents ont vécu jusqu'à leur mort à quinze jours d'intervalle en octobre 2011. La porte sur la rue n'était pratiquement jamais utilisée, l'entrée se faisant par derrière. Dans la pièce devenue aujourd'hui un petit salon et une salle de bains, mon père avait aménagé un premier atelier où il avait disposé ses machines pour souder et faire des sacs plastique. Le stockage se faisait dans le petit couloir où l'on entassait la marchandise. La salle à manger n'a pratiquement pas changé depuis l'époque où l'entreprise était encore là. Elle servait aussi de bureau à mon père et de salle de stockage pour les moteurs Peugeot destinés à l'armée qui laissaient des taches d'huile partout, ce qui mettait ma mère hors d'elle. Quand un client venait, on nettoyait tout et le repas d'affaires avait lieu autour de la table. Au mur, des photos de mes frères et moi bébés, une collection à laquelle ma mère était très attachée. Comme à l'époque peu de gens possédaient un appareil photos, à notre naissance ma mère faisait venir un photographe pour nous immortaliser.

À l'étage, il y avait deux pièces. La chambre de mes parents et une chambre pour les trois frères. L'escalier très raide où mon grand-père s'est tué a été supprimé par mon père et reconstruit au fond du couloir.

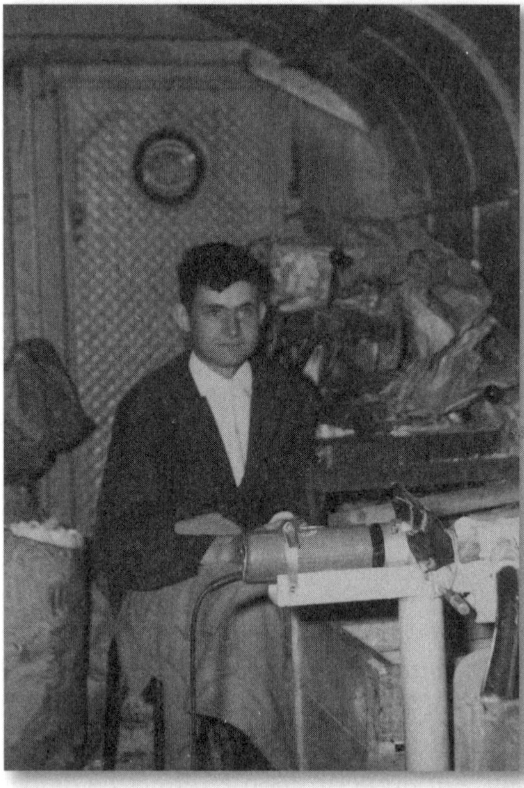

A l'intérieur des vieux hangars américains achetés par son père Emile Streit et aménagés en atelier au début des années 1960, Philippe, le fils aîné handicapé, a commencé à travailler à l'âge de 14 ans à la vérification des pièces fabriquées par son père.

Dans la cuisine, la table servait d'établi à mon père. Il y faisait ses outillages. Elle existe encore et conserve les marques des brûlures de la lampe à souder. Mon père employait du personnel : des jeunes, filles et garçons, qui travaillaient jusqu'à l'âge de dix-huit ans dans la maison familiale. Il était impossible de conserver un salarié au-delà, ils partaient tous pour les usines Peugeot à Sochaux. Peugeot attirait tout le potentiel ouvrier de la région et les salaires étaient multipliés par trois par rapport à ce que mon père pouvait offrir. Ils avaient en plus une multitude d'avantages, congés payés, colonies de vacances. Notre entreprise était peu attractive. Le renversement s'est fait très vite au début des années 1980. Nous avons embauché notre premier ingénieur, Pascal Commeaux, dans les années 1990, quarante ans après la création de l'entreprise ! Pascal est toujours avec nous aujourd'hui.

Chez les paysans, on fait cinq repas par jour. Mes parents ont poursuivi ce rituel. À dix heures, le matin, ma mère préparait le café, le pain, le beurre, les tartines, tout le monde se regroupait, prenait un second petit-déjeuner et puis remontait à son travail. Même chose à seize heures. Tant que ses forces le lui ont permis, mon père venait chez Delfingen, préparait le café, les tasses puis appelait les employés pour la pause de dix heures. Paysan dans l'âme, il avait conservé cette habitude. La cuisine était minuscule à cause d'une cloison qui isolait le coin salle de bains. Nous faisions notre toilette dans une bassine. Il n'y avait pas l'eau courante et les toilettes étaient au fond du jardin. Quand je suis rentré de mon service militaire en 1973, j'ai cassé la cloison et comme l'eau courante avait été installée, on a aménagé une vraie salle de bains.

Après avoir quitté en 1956 l'atelier rue de Pontarlier à Sochaux où était née l'entreprise en 1954, mon père a utilisé le garage pour y installer une modeste extrudeuse française de marque Samafor. Les chutes des pochettes soudées par ma tante étaient mises dans des sacs stockés au grenier et ont servi de matière première pour réaliser les premiers profilés extrudés, ce qui lui a permis de financer son extrudeuse.

Il avait aussi fait creuser une cave n'écoutant pas les voisins qui lui prédisaient des infiltrations, le niveau du sol étant à la hauteur du puits d'alimentation du village. Au contraire, cela l'arrangeait bien. Il a vite installé une pompe qui amenait l'eau récupérée jusqu'au garage et lui servait à refroidir les profils en plastique sortant de l'extrudeuse. C'est ainsi qu'il s'est mis à faire des tuyaux et profilés comme il l'avait vu faire à Anvers et produit pour Plastival. Petit à petit, il en est venu à faire des tubes pour la protection des câblages de Peugeot. Il préparait les rouleaux, il les emballait, les mettait dans sa voiture et partait livrer les clients. Gamin, j'étais donc obligé de surveiller l'extrudeuse pendant des heures. Quand il n'y a plus eu suffisamment de place, mon père a fait une extension au-dessus du garage, là où pendant des années avec mes frères nous avions monté le bois pour le stocker. Ce fut la première véritable extension de l'entreprise. Six parfois sept personnes y travaillaient.

Dans le jardin, les toilettes étaient utilisées par ma famille, les voisins et le personnel de l'entreprise. Le journal *l'Est Républicain* servait de papier toilette et il n'y avait pas d'eau puisque le village n'a pas eu d'eau courante avant 1966. Un autre monde ! Et pourtant ce n'est pas si loin. Notre grand jeu avec mes frères, c'était de guetter les employées qui allaient aux toilettes et de leur lancer des boules de neige une fois qu'elles se trouvaient à l'intérieur. Nous avions également une pie. Cet oiseau est particulièrement intelligent. La nôtre ne supportait pas de voir les jeunes femmes aller aux toilettes. Pour éviter d'être attaquées par la pie, pensant l'effrayer, les filles s'y rendaient avec un balai O'cedar. Dès qu'arrivaient les beaux jours, elles demandaient à mon père d'installer les machines dehors. Elles mettaient leur maillot de bain et se couvraient de crème solaire. Avec mes frères, on se rinçait l'œil en les observant en douce. Et le soir, mon père rentrait les machines.

—— Une enfance chaotique ——

Quand j'étais enfant, nous n'avions pas de réfrigérateur. Lorsque sont arrivés de Montbéliard les premiers triporteurs marchands de glaces, nous accourions mes deux frères et moi auprès de notre mère pour qu'elle nous donne des sous. Mais ce n'était jamais le jour. Elle disait toujours non, la prochaine fois. Et nous de renchérir « Pourquoi faut toujours attendre ? ». Elle répondait inexorablement : « Ici on a plus les moyens d'attendre que de payer ». Aujourd'hui encore, c'est une expression gravée en moi. Quand par exemple la secrétaire me dit : « Ces billets d'avion sont moins chers mais vous devrez attendre x heures à l'aéroport » je réponds systématiquement : « J'ai plus les moyens d'attendre que de payer ». Récemment un grand patron d'une usine de Grenoble s'est émerveillé des palmiers qui sont à l'entrée du siège social à Anteuil. Au cours d'un voyage en Israël en 1977, mes parents les ont rapportés sous forme de graines que mon père a plantées aussitôt rentré. Le temps est un allié. Encore une belle leçon pour l'entreprise.

Bien que nous soyons pauvres et que ma mère refusât de nous acheter des glaces, elle donnait trois fois le prix des glaces au premier mendiant qui passait ! Ces valeurs de générosité font partie de ma culture.

Dès ma naissance, j'ai eu le visage couvert d'eczéma. Pendant trois ans, ma mère n'a pas passé une seule nuit sans se lever pour venir me consoler tant je pleurais de douleur. Elle a cru mourir d'épuisement. Mon visage était couvert de croutes au point qu'elle n'osait pas me sortir. Mes parents m'ont emmené chez plusieurs spécialistes qui ne trouvèrent aucun remède efficace. En désespoir de cause, ils me montrèrent à un vieux médecin à Besançon. Il a préconisé un lavage quotidien avec de l'eau bouillie et du savon de Marseille puis l'application d'une pommade qu'il recommanda. Mes parents m'ont fait ce traitement et trois ans plus tard, l'eczéma a disparu et n'est jamais revenu. De ma vie, je n'ai jamais plus eu ce genre de problème. Je relate cette histoire car elle symbolise bien ma devise « le pire n'est jamais sûr ».

Mon parcours scolaire a été chaotique. À onze ans j'ai été atteint d'une tuberculose osseuse. Enfant malingre, pendant deux ans, je ne suis pas allé à l'école. J'étais libre comme l'air donc libre d'aller où je voulais. J'adorais être dans la nature. Je jouais à planter et déplanter des arbres comme mon grand-père Christian Steit, j'observais les oiseaux, je faisais des cabanes, bercé par les récits des maquisards qui s'étaient cachés dans les forêts. Une fois guéri, je suis retourné en classe en traînant les pieds. Je n'ai jamais aimé l'école. D'ailleurs je ne me souviens pas de ma première rentrée scolaire à l'école communale. Par contre je me souviens de ma première institutrice. Elle avait pris conscience de ma timidité maladive et m'a beaucoup aidé à me déstresser. Mais cela n'a pas duré car, en passant dans la classe des grands, j'ai été terrorisé par l'instituteur, un rustre parfois violent.

Son épouse, elle aussi institutrice, n'était pas plus futée que lui. Avant d'entrer en classe, nous enlevions nos chaussures pour mettre des petits chaussons. Un jour mon frère Philippe est arrivé avec des chaussures neuves, mes parents s'étaient saignés pour les lui acheter. En sortant de la classe, il a eu du mal à les remettre. Cette fameuse institutrice s'est énervée, a attrapé les chaussures et les a jetées dans le fourneau. Choqué, mon père s'est rendu chez l'instituteur qui a fini par lui rembourser le prix des chaussures.

N'ayant pas le niveau pour rentrer en sixième, j'ai passé un examen la peur au ventre. J'ai pu ainsi rejoindre le collège de Clerval mais sans avoir assimilé les bases nécessaires à la poursuite de mes études. J'ai donc redoublé ma sixième. C'est en cinquième que je suis tombé malade. Je ne souffrais pas vraiment mais je devais ingurgiter une multitude de médicaments. Au bout de deux ans en dehors du système scolaire, la question s'est posée de savoir dans quelle classe je devais revenir. Marcel Girard, un instituteur dynamique et proche des enfants, a proposé de me donner des cours à l'école communale d'Anteuil. J'étais illettré. Il a tenté de me faire rattraper mon retard en un an pour que je passe mon certificat d'études. Je l'ai réussi grâce à la persévérance de cet homme qui avait eu la patience de me motiver. Ensuite mes parents m'ont inscrit au CET (Collège d'Enseignement Technique) de Baume-les-Dames, un centre d'apprentissage où j'ai appris la mécanique, l'usinage, le maniement des machines outils, le dessin industriel avec des professeurs qui étaient tous des professionnels. Cet enseignement me plaisait et j'ai obtenu mon certificat de mécanique générale au bout de trois ans. L'éducation nationale venait de mettre en place un système d'équivalence pour permettre à ceux qui sortaient avec un CAP de réintégrer un cycle secondaire. Je suis donc rentré à Besançon dans une seconde un peu spéciale réservée à des garçons qui comme moi n'avaient pas suivi tous les cursus comme les langues ou le français. J'y ai fait de l'algèbre à haute dose et me suis passionné par les mathématiques. J'ai totalement négligé l'anglais persuadé que cela ne servait strictement à rien. Grave erreur d'aiguillage. En première et en terminale, je me suis laissé vivre avec le sentiment que j'en savais assez pour fabriquer des machines. Avoir le bac n'était pas dans mes préoccupations. En seconde par contre, l'un de nos professeurs m'a transmis sa passion pour la lecture. De ma vie, je n'avais jamais ouvert un seul livre. Ma première révélation fut *Le Vieil homme et la Mer* puis *Le Rouge et le Noir*. En terminal, pour provoquer ma professeur de français, Madame Robert, je terminais toutes mes dissertations en faisant l'apologie de Franco jusqu'au jour où elle m'a mis dehors.

À l'époque, j'avais conservé de ma maladie un physique chétif mais j'avais une grande endurance pour la course à pied. Durant mes trois dernières années d'études, je me suis entraîné avec un professeur de sport formidable, Monsieur Mathieu, qui m'a poussé à faire de la compétition. Grâce à lui, notre école a gagné à deux reprises les championnats de France.

J'ai passé mon bac en 1972 sans avoir vraiment travaillé. Grâce à une chance inouïe au cours des épreuves orales, j'ai obtenu le diplôme tout en ayant conscience que cela ne voulait pas dire grand chose. J'en ai été tellement marqué que par la suite, je n'ai jamais demandé à quiconque se présentait pour un poste de m'apporter la preuve de ses diplômes.

Au début des années 60, une femme est venue prendre sa retraite au village. Elle fut la première à avoir une télévision qu'elle nous autorisait tous les jeudis après-midi à venir regarder chez elle. Elle vivait avec son mari et n'avait pas d'enfant. Tous les deux étaient des personnes très instruites et très distinguées par rapport aux habitants du village. Un jour je l'ai surprise à dire à ma mère en parlant de moi : « Celui-là, il ira loin ». C'était la première fois que j'entendais une telle remarque à mon sujet. Je ne l'ai jamais oubliée. Une autre fois, un de ses oncles a dit à ma mère devant moi qui n'avait pas dix ans : « Tu sais le Micou (diminutif d'Émile en bernois), il a la réputation d'être ingénieux, hé bien tu verras celui-là, y va sortir du lot ». Cinquante ans plus tard, j'en ressens encore de l'émotion tant ces deux remarques m'ont donné de confiance en moi à une époque où on ne nous faisait jamais le moindre compliment. Finir par s'affirmer quand on part de si bas et de si loin c'est déjà tout un parcours.

—— Nos premières vacances ——

Nous n'avons jamais su ce que c'était que d'aller en vacances en famille. Quand j'ai eu quatorze ans, mon père nous a tous emmenés à Marina di Ravenna en Italie. Nous avons découvert avec bonheur les plages immenses de l'Adriatique. C'est la première fois que j'ai vu la mer. Mais nous n'avions pas l'impression d'avoir jusqu'alors été privés. Nous étions logés à la même enseigne que tous les jeunes du village qui étaient des fils d'ouvriers Peugeot ou d'agriculteurs. Cela me fait sourire lorsque l'on s'étonne que 40 % des Français ne partent pas en vacances. A Anteuil par exemple, il y a tout pour passer de belles vacances. Aujourd'hui le monde est fou ! S'empiler sur les autoroutes ! S'allonger sur la côte au milieu de milliers de gens ! Pour passer trois semaines dans des conditions infernales qu'ils n'accepteraient jamais si c'était leur quotidien. Je ne sais pas ce que les gens appellent des « vacances » ! Est-on vraiment obligé de faire trois mille kilomètres pour prendre du recul par rapport à sa vie professionnelle ?

Juste après la guerre, mon père avait retapé une traction de marque Citroën qu'il avait achetée en pièces détachées. Il était parti avec des amis sur la côte d'Azur en remontant par Nice, Cannes, la route Napoléon. Son rêve était de nous emmener faire le voyage dans cette région de France qu'il avait aimée. Nous sommes donc repartis une seconde fois en vacances. J'avais alors dix-sept ans et me souviens avoir bu pour la première fois du vin rosé avec mon père, mes frères et ma mère à la terrasse d'un bistrot. Pour moi ce sont des souvenirs extrêmement forts.

L'hiver quand il y avait de la neige on était trente ou quarante gamins à faire de la luge. L'esprit des villages était fort, les gens soudés depuis l'enfance. On quittait l'école à quatorze ans mais on avait un bagage qui nous permettait de nous débrouiller dans la vie. On avait une culture géographique et historique de la France. Aujourd'hui lors de séances d'embauche, on fait le test de positionner sur une carte les plus grandes villes de France ou les fleuves. Les résultats sont catastrophiques. D'aucuns prétendent que ces connaissances ne servent à rien. Mais peut-on vraiment se développer intellectuellement si on ne sait rien du monde dans lequel on vit, de l'histoire du pays où l'on a grandi.

On a eu la chance d'avoir un curé, le père Guinard, qui nous a beaucoup marqués. C'était un missionnaire qui s'est établi à Anteuil après une existence épuisante. Un être plein d'humanité. Je suis allé le voir lors des derniers mois de sa vie à l'hôpital. Je discutais avec lui de cette énigme de la mort. Il m'a répondu que personne ne comprenait rien effectivement à la mort puis m'a demandé « As-tu déjà vu un cocon de papillon ? À l'intérieur il perd son corps de chenille pour devenir un magnifique papillon. Crois-tu qu'il comprend tant qu'il est dans son cocon pourquoi il a des ailes ? Il ne le découvre qu'en brisant le cocon et en prenant son envol ». Il considérait la mort à l'image du cocon qui s'ouvre pour nous libérer et nous faire découvrir un monde qu'on ne peut pas imaginer. Une explication simple, pleine de bon sens et que j'ai trouvée fantastique.

Un jour, j'avais dix-sept ans et l'aumônier du collège qui nous donnait des cours d'instruction religieuse me demanda quel était le nom du curé d'Anteuil. Lorsque je mentionnais le père Guinard, il s'est exclamé « Si tu avais dans ta poche autant de billets qu'il a conduit de gars à l'échafaud tu serais riche ! » Comme je ne voulais pas le croire, il m'affirma qu'il avait été l'aumônier de Cayenne pendant plus de trente ans et accompagnait tous ceux qui étaient guillotinés pour avoir tenté de s'évader.

—— « Salut les copains » ——

Dans notre maison, la radio marchait en permanence. Elle était mise en route par la première jeune fille qui arrivait au travail. Et le dernier à partir la fermait. Je me souviens très bien de l'engouement de ces jeunes qui avaient alors sept ou huit ans de plus que moi, pour *Salut les Copains* sur Europe 1. Ils étaient fous de Johnny et du twist. Quand ils l'entendaient l'ambiance devenait électrique. Mon père écoutait des feuilletons policiers. Vers midi c'était *Le Tonneau* et le soir *L'homme à la voiture rouge*. Pendant ces émissions, il ne supportait pas le moindre bruit. Le dimanche après-midi, il écoutait Geneviève Tabouis, *Dernières nouvelles de demain* que cette célèbre journaliste commençait toujours par sa phrase fétiche « Attendez-vous à savoir » et où elle expliquait ce qui allait se passer dans le futur. Mon père écoutait aussi attentivement les informations, en particulier celles concernant la guerre d'Algérie. Des amis à lui étaient sur place pour le maintien de l'ordre, il était donc très sensible aux événements qui s'y déroulaient. De Gaulle est sorti bien trop précipitamment du bourbier algérien nous laissant dans une situation très difficile. Je l'ai compris bien plus tard. Au moment de la guerre d'Algérie mes parents sont devenus farouchement gaullistes. Mais ils ne verront pas le coup de bluff de De Gaulle qui dit lui-même dans ses *Mémoires* qu'il fut à la fois « le raz-de-marée et la digue ». Pour atteindre le pouvoir, il pousse les militaires au putsch en soutenant l'Algérie française et aux yeux des politiques se présente comme le recours pour éviter une guerre civile. J'ai assisté au cheminement de mes parents à travers la propagande de cette fameuse radio qu'on écoutait religieusement à la maison. Un soir nous apprenons l'assassinat de Kennedy. À voir la tête de mes parents, je me suis demandé ce qui nous était tombé sur la tête. Là encore la propagande avait mis Kennedy au sommet de la démocratie. Pour mes parents, cet événement était catastrophique. Et cela m'a profondément marqué. Je ne peux jamais me poser à Dallas sans revoir la scène à la maison avec tous les détails de cet instant précis. C'est la première ville des États-Unis dont j'ai retenu le nom. D'ailleurs je ne savais pas très bien ce qu'étaient les États-Unis. L'autre événement marquant pour mes parents fut la tentative d'assassinat de De Gaulle au Petit Clamart. Et puis l'exécution de Jean-Marie Bastien Thiry, le chef du commando, le dernier fusillé de la République.

L'arrivée de la télévision fut une aventure fantastique. Très peu en possédaient une au village. Un jour mon frère cadet Claude est rentré en clamant très fort : « Je ne veux pas me marier » ! « Et pourquoi ? » a demandé ma mère. « Parce qu'au village il y a que trois télévisions, et elles appartiennent à trois hommes qui n'ont pas de femme » ! J'étais très proche de Claude, qui avait deux ans de moins. On jouait tout le temps ensemble.

Après la propagande de la radio, nous avons subi celle de l'ORTF quand mes parents ont acheté leur première télé, alors que je devais avoir seize ans. On reproche aujourd'hui sa puissance à Internet, mais les informations qu'on y trouve sont diversifiées. À l'époque, il n'y avait qu'une information qui entrait, faisait intrusion dans la salle à manger, dans la cuisine ou l'atelier des Français et qui par matraquage influençait les gens dans leurs idées et comportements.

—— Une timidité viscérale ——

Un jour, j'ai demandé à mon père de faire un trou dans le mur de la maison du voisin, notre cousin, pour accrocher la cage des pigeons. Mon père m'a répondu qu'il fallait auparavant que j'aille demander l'autorisation à notre cousin. J'ai mis trois semaines avant d'y aller. Pourtant c'était un cousin très proche et adorable avec qui je m'entendais très bien. Mais la timidité m'empêchait de faire la démarche. Je ne saurais dire de quoi j'avais peur exactement. Pourtant je suis aujourd'hui quelqu'un d'extraverti qui aime le contact. Dans mon parcours, mes proches ont été surpris de voir à quel point, au fil des années, j'ai pu surmonter ma timidité. À vingt-trois ans, je me suis présenté aux élections et j'ai été élu conseiller municipal. J'ai entrepris un certain nombre de démarches qu'à titre personnel je n'aurais jamais osé faire. Porté par un mandat, j'avais des obligations vis-à-vis des autres, ce qui m'a bien plus aidé pour vaincre ma timidité que la perspective de rencontrer des gens pour les affaires de l'entreprise.

D'où venait ce problème ? Je l'ignore. Peut-être d'une trop grande sensibilité héritée de ma mère. Son drame à elle fut la naissance de mon frère Philippe né handicapé suite à un accouchement problématique. Mon père sentant l'inquiétude de son épouse, n'a pas voulu appeler la sage-femme du village. Il a emmené ma mère à la maternité de Baume-les-Dames, pensant qu'elle serait mieux prise en charge. Mais les braves sœurs n'ont pas su faire face à la situation. Mon père et ma mère sont restés convaincus que s'ils avaient fait appel à la sage-femme du canton, ce drame ne serait pas arrivé. Persuadée d'être la cause du malheur de son enfant, ma mère a vécu dans une angoisse atroce, se retrouvant aussitôt enceinte. Je suis né onze mois après Philippe. Deux ans plus tard quand est né le dernier fils Claude, ma mère a reporté tout son amour sur lui, profitant sans doute pour la toute première fois du bonheur d'être mère. Ce petit dernier n'a eu aucun problème de timidité mais il fut tellement couvé qu'il a connu des échecs successifs. Le dernier drame de ma mère a été de perdre son dernier enfant. Elle avait eu de graves problèmes de santé. L'enfant, une petite fille née avant terme, est morte au bout de deux jours. Ma mère a été opérée et hospitalisée et pendant qu'elle se rétablissait nous avons été mis en pension à la ferme de La Verrière où l'ambiance était très différente. Cette séparation nous a fortement marqués. Le jour où elle devait sortir de l'hôpital, mon père installait un balcon chez une vieille dame dans la région de Montbéliard. Le sentant préoccupé, elle lui a demandé s'il avait des problèmes. Il lui a répondu qu'il n'avait pas un sou pour aller chercher son épouse qui à l'époque n'aurait pas pu sortir sans avoir réglé sa note d'hôpital. Bien qu'il n'ait pas fini les travaux, la vieille dame lui a fait un chèque pour régler 90 % de la facture.

Ma mère a porté en elle de lourds traumatismes Elle a vécu déchirée entre, d'un côté de sa famille, la haine des Allemands et de l'autre l'existence qu'elle a construite avec un homme que l'on qualifiait de « boche ». Elle a cristallisé toutes ces peurs et nous les a transmises. Si elle avait été indifférente, je pense que nous n'aurions pas eu à souffrir de cette façon-là. Nous étions prédisposés à souffrir plus que les autres. Mais ce fut là encore un des moteurs de notre volonté farouche de réussir. À la fin de sa vie, ma mère avait le sentiment d'avoir complètement échoué. Elle m'a souvent blessé en me disant qu'elle priait pour moi « Tu n'a pas pu bâtir un tel empire en étant honnête ». Cela lui paraissait totalement invraisemblable. Profondément catholique avec cette idée que le pauvre seul ira au paradis, elle était incapable d'imaginer que je puisse honnêtement avoir atteint une telle réussite.

En octobre 2011, ma mère a eu une occlusion intestinale. Quinze jours plus tard elle était morte. Mon père qui allait sur ses quatre-vingt-onze ans avait lui aussi été hospitalisé. Après le décès de ma mère, il voulait absolument revenir à la maison, ce qui était matériellement impossible. Trois jours plus tard il était mort. Quinze jours après son épouse. On croit se préparer au départ des parents mais soudain lorsqu'ils ne sont plus là reste un sacré vide !

—— Philippe, mon frère ——

Philippe, mon frère aîné handicapé vit seul aujourd'hui dans notre maison. Il a du personnel pour l'aider. L'entreprise Sofanou a été créée pour ma tante handicapée et moi je l'ai reprise parce que mon frère était lui aussi handicapé. Non pas physiquement, mais il n'a jamais pu apprendre à lire ou à compter. Dans les années 50, il n'existait pas d'institut spécialisé. Il allait à l'école communale où, assis au fond de la classe, il ne faisait rien. À quatorze ans, il a commencé à travailler pour mon père qui lui donnait des pièces à faire, des choses très simples pour qu'il apprenne à se poser et se concentrer pendant plusieurs heures sur un même ouvrage. Il a commencé dans l'entreprise bien avant moi.

Vivre avec un frère handicapé est une expérience particulière qui m'a laissé des traces profondes. D'abord je ne serais jamais venu à l'entreprise s'il n'avait pas eu ce problème. Il est difficile de percevoir ce que comprend ou ne comprend pas mon frère. On ne sait pas ce qui se passe en lui. On sait qu'il a des émotions aussi fortes que nous. Cela m'a aidé et m'aide aujourd'hui à faire passer des messages autres que des messages verbaux, surtout lors de réunions qui se tiennent dans une langue que je ne parle pas. Mon frère a été mon mentor. Il a un handicap qui l'empêche d'accéder à un certain savoir mais qui ne l'empêche pas de comprendre tout ce qui se passe autour de lui. Il en est conscient et il en souffre. Il a beaucoup évolué en travaillant dans l'entreprise et en ayant des contacts hors de la famille. J'ai surpris des conversations où mon frère s'exprimait avec une liberté de ton que je ne lui connaissais pas. Mais dès qu'il revenait à la maison, il redevenait un enfant. Ma mère le mettait continuellement dans la situation d'être l'enfant que l'on protège, ce qui n'a jamais été bon pour lui. « Si tu n'es

Les frères Streit, Philippe et Bernard dans les allées verdoyantes de l'entreprise Delfingen en juin 2014. C'est pour assurer du travail et un avenir à Philippe que Bernard a repris la petite affaire familiale en 1973 avant de se passionner pour le métier de chef d'entreprise.

pas gentil, Bernard va te mettre dans une maison comme ça on sera tranquille » lui disait-elle. Il a donc toujours eu peur de moi. Cela a créé un fossé gigantesque entre nous. Aucun échange n'est possible. Je n'ai jamais su ce qu'a été sa vie intime. Mais il est heureux d'un rien. De fumer un cigare, de monter au Belvédère admirer le panorama sur la vallée du Doubs.

Philippe Streit est un personnage fondamental de Delfingen. Il a contribué à l'esprit de l'entreprise. Avoir des handicapés au sein d'un groupe de travail forge d'autres mentalités. « Que la force me soit donnée de supporter tout ce qui ne peut pas être changé, le courage de changer ce qui peut l'être et la sagesse pour bien distinguer l'un de l'autre » a dit l'empereur romain Marc-Aurèle.

Un de nos clients fabricant de câblages dans le Loiret n'emploie que des handicapés. Ce monsieur de quatre-vingt-cinq ans m'a dit un jour : « J'ai quinze cents personnes dites handicapées managées par une centaine d'autres considérées comme normales. Mais parfois je me demande qui sont vraiment les personnes normales. On est tous un handicapé par rapport à quelqu'un d'autre. Moi je suis un handicapé par rapport à Einstein. Ma philosophie est de faire de chaque handicapé un contribuable. Alors qu'en France, le handicapé est un fond de commerce ».

La politique chez Delfingen est de ne jamais aider un handicapé, une consigne que doivent appliquer mes collaborateurs. L'un d'eux, un jeune, m'a un jour fait cette remarque : « Bernard, vous me gardez parce que vous avez pitié de moi ». Je lui ai rétorqué : « Je te garde parce que tu me fais gagner de l'argent. Si ce n'était pas le cas je te licencierais ! » Cela m'a coûté de lui faire cette réponse. Par la suite il ne m'a plus jamais posé de questions. Peut-être alors a-t-il travaillé l'esprit plus serein.

La maison familiale dans le village d'Anteuil a vu naître les trois fils Streit, Philippe, Bernard et Claude. Une partie du premier étage a été ajoutée par Emile afin d'y aménager le premier atelier qui deviendra en 1975 l'appartement de Bernard et de son épouse Françoise. Ils y vivront cinq ans avant de pouvoir construire leur propre maison.

Quand je suis rentré de mon service militaire, mes parents tenaient absolument à ce que j'assume la continuité de l'entreprise pour que mon frère puisse conserver une activité, comme ils l'avaient fait pour ma tante Jeannette. Aujourd'hui, Philippe a soixante-deux ans et travaille sur une machine d'utilisation simple. Quand il fait beau, il entreprend des petits travaux en extérieur. Cela lui permet de voir du monde et de sortir de son isolement. Mon objectif est de vivre une semaine de plus que lui afin qu'il ne soit jamais à la merci des autres. Dans leur héritage mes parents lui ont laissé notre maison d'Anteuil. Je la lui ai rachetée en viager au nom de l'entreprise afin de lui assurer une rente en plus de sa retraite. Je voulais que l'entreprise Delfingen en devienne propriétaire afin que cette maison ne soit jamais abandonnée. Je la fais souvent visiter à des collègues de travail, des banquiers ou des clients étrangers. Afin de donner de la crédibilité à nos projets, il est important de savoir « d'où l'on vient » pour comprendre « où l'on va ».

Paysage vagabond

En juillet, je suis revenue à Anteuil poursuivre mes entretiens avec Bernard Streit. L'atmosphère était douce, le ciel serein. Nous sommes allés nous installer au Belvédère, une plate-forme au sommet d'une colline recouverte de forêt, un endroit qu'il affectionne. Strié par les éclats d'une lumière diaphane, le panorama s'ouvre à 180° sur la Vallée du Doubs.

À la beauté grandiose du paysage se mêle un environnement qui n'a été défiguré ni par des lignes à haute tension ni par d'hideuses constructions, comme si cette nature n'avait pas changé, ou si peu, depuis ses origines. A gauche pointe le village de Clerval arrosé par le Doubs qui s'est frayé un chemin dans le creux d'un vallon menant vers Besançon. En face, les vestiges d'une carrière dont les pierres servirent à la construction de l'autoroute A 36. A droite, la trouée de Belfort par où se sont faufilées toutes les invasions et qui fut le théâtre de lourds combats durant la dernière guerre. Les loups ont été éradiqués à la fin du XIX*e siècle. Autrefois, les paysans tuaient beaucoup de renards, leur peau valant plus cher qu'un cochon. Reste énormément de gros gibier, sangliers, chevreuils. Et peu de chasseurs. Ni Bernard ni son père n'ont jamais eu de goût pour la chasse. Parfois Bernard Streit amène ici ses clients pour qu'ils comprennent mieux la région et situent les bâtiments de l'usine Delfingen qui par leur architecture et leur couleur se noient dans le fond du paysage sans le dévaster.*

Pour ce patron toujours entre deux avions, deux continents, revenir à Anteuil est un moyen d'intensément se ressourcer. Jamais ne lui est venue l'idée de quitter cette région. Il a construit sa vie et son usine là où sont ses racines. Un lieu qu'il aime partager avec ses petits-fils, Victor, 10 ans, et Benoît, 8 ans, les fils de Gérald et Hélène. Les deux « alevins » – comme il les nomme avec humour et tendresse – ont une passion pour leur grand-père et entretiennent avec lui une relation fusionnelle et profondément complice. Bernard leur consacre tout le temps qu'il n'a pas donné à ses propres fils. Derrière l'un des bâtiments de l'entreprise, il a construit avec eux une cabane où, en été, ils dorment tous les trois. Il les a initiés au monde des abeilles, a conservé pour eux la vieille camionnette de son père qu'ils ont bariolée de couleurs sans très bien saisir pourquoi leur grand-père avait refusé qu'ils la peignent en bleu, blanc, rouge.

Bernard Streit enseigne à ses petits-fils le métier d'apiculteur appris de son grand-père Christian. Il est fondamental pour lui de pérenniser non seulement l'esprit d'entreprendre mais aussi le lien très fort avec le monde paysan d'où est issue la famille Streit.

Il les a aidés à comprendre la valeur de l'argent. À chacune de leur visite à Anteuil, il leur trouve une activité pour leur permette de se faire un peu d'argent de poche. Lors du ramassage des pommes, ils ont dessiné des affiches et sont allés les distribuer dans l'usine. En une après-midi, ils en ont vendu trois cents kilos et ont gagné deux cent dix euros. Leurs grands-parents Françoise et Bernard ont exigé que 20 % aillent à la Fondation Delfingen. Avec le reste ils ont acheté des jeux vidéo. Puis, il leur a proposé de faire une brocante avec les vieux meubles et objets amassés dans l'ancien atelier. Après avoir vendu pour deux cent soixante-dix euros de marchandises, ils étaient particulièrement fiers et heureux. Bernard Streit est aussi un grand-père attendri devant sa petite-fille, Agathe, la fille de son fils David et de son épouse Stéphanie. Du haut de ses 3 ans, elle lui a déjà avoué que plus tard elle voudrait « faire usine » comme son grand-père ! César, le petit dernier de David, à peine un an, affirme déjà le fort tempérament des Streit.

Se référant à l'exemple de son grand-père et à l'empreinte qu'il a laissée sur sa propre trajectoire d'homme et de chef d'entreprise, Bernard Streit croit profondément en la transmission et rêve de laisser la même trace dans l'esprit de ses petits-enfants. Il leur enseigne les valeurs d'humanisme, de générosité et de courage qui lui furent léguées par ses parents et grands-parents. L'amour de la terre et la reconnaissance de puissantes racines paysannes.

IV

À marche forcée

Sous d'inutiles drapeaux

En 1972, je tiens à faire mon service militaire pour ne plus être considéré comme « boche » mais être reconnu comme Français. Ayant la double nationalité, j'ai le choix de le faire en France ou en Suisse. J'avais demandé à faire l'École des Officiers de Réserve dans les parachutistes. Cette demande m'a été refusée en raison de mon niveau scolaire insuffisant et d'un physique inadapté aux troupes aéroportées. J'ai donc été envoyé à Carpiagne, entre Marseille et Cassis, comme mécanicien dans un régiment en charge de la formation des pilotes et des tireurs des engins blindés. À notre arrivée début août à la gare de Cassis, on nous a chargés tels du bétail dans des camions, bâche fermée. Parvenus au milieu du camp, les camions arrêtés, les bâches furent violemment ouvertes. On nous ordonna de sauter tandis que des hurlements fusaient de toutes parts. J'avais l'impression d'être tombé chez les fous et j'ai été obligé de me faire violence pour ne pas m'enfuir. Les deux mois de classes furent pour moi difficiles mais intéressants. Ensuite j'ai appris la paresse et suis devenu indiscipliné au point de faire huit jours de prison pour être sorti sans permission. J'ai aussi appris ce qu'il ne fallait pas faire dans la vie, et tout ce qu'il ne fallait surtout pas faire dans le management d'une entreprise.

Autour d'une élite restreinte foisonnent un nombre considérable d'inadaptés à cette mission, dépourvus de toute motivation. À Carpiagne, les entraînements de la Légion étrangère étaient sans commune mesure avec les nôtres. Un véritable entraînement, sérieux, d'hommes volontaires, déterminés.

À l'armée, j'ai continué la course à pied, fait du cross country et de la course d'orientation ce qui a plus tard beaucoup contribué à mon endurance physique et certainement mentale. Un jour, dans les Landes, j'ai participé à un championnat. Le parcours était extrêmement difficile en lisière du bord de mer. Je suis arrivé bon dernier, épuisé. Juste avant la course, toutes les équipes s'étaient placées au milieu de la cour. Un hélicoptère est descendu à une vitesse vertigineuse, un général debout sur le marchepied. Il a sauté avant même que l'hélicoptère ne touche le sol puis a passé les troupes en revue. Le charisme de cet homme qui rayonnait d'une force extraordinaire m'impressionna au plus haut point. Après avoir serré des mains, il est remonté sur le marchepied en se tenant à l'une des barres. Au moment où l'hélicoptère a pris son envol je suis resté pétri d'admiration et sans réfléchir je lui ai adressé un signe de la main auquel il a répondu. J'ai aussitôt réalisé que j'avais fait une énorme erreur et mes supérieurs me sont tombés dessus en hurlant qu'ils allaient me faire passer en conseil de discipline. Mais finalement, comme le général avait lui-même fait un signe vers moi, ils se sont tous calmés. Je n'ai pas su le nom de cet homme mais je ne l'ai pas oublié. Jamais plus je n'ai rencontré quelqu'un d'aussi charismatique.

Pour le reste, mon service militaire fut terne. Je ne me suis pas fait d'amis et j'ai détesté l'armée. Le jour de notre sortie nous étions convenus avec une bande de copains d'aller faire la fête à Marseille. Un sursitaire qui habitait dans le Doubs, m'avait proposé de remonter avec lui dans sa 2CV. J'ai d'abord décliné son offre. J'avais envie de faire la fête et en plus j'avais mon billet de train. Puis brutalement, sans savoir pourquoi, j'ai décidé de partir avec lui. Plus personne ne m'aurait fait changer d'avis. En arrivant à Anteuil vers trois heures du matin, je suis surpris de voir de la lumière chez mes parents. Mon oncle René, celui qui avait aidé à créer l'entreprise, venait juste de mourir. Cet événement m'a beaucoup marqué. Je suis convaincu avoir eu inconsciemment un pressentiment mais je n'ai jamais compris d'où cela pouvait venir. Par la suite, j'ai toujours prêté attention à ces flashs étranges. Les Asiatiques sont beaucoup plus attentifs que nous à ce genre d'événement. Il m'est arrivé une expérience similaire en 1985 au cours de mon premier voyage au

Japon avec une organisation patronale de la région. Lors de la visite d'un grand magasin, on nous offre à tous un billet de loterie dont le gain est une perle. Mon billet à la main, avant même le résultat du tirage, j'avance pour me frayer un passage au milieu de la foule, persuadé d'avoir gagné. Lorsque j'arrive au premier rang, le résultat tombe et je suis le gagnant. Là encore je n'ai jamais saisi ce qui s'était passé en moi ni ce qui m'avait guidé.

À la fin de mon service militaire, j'étais aussi antimilitariste que l'avait été mon grand-père après la guerre. Je défendais des idées bien ancrées à droite. Ma famille a toujours été franchement anti-communiste. Elle n'a jamais été dupe de la situation en Union Soviétique et de ses millions de morts. Aujourd'hui encore, je mets communistes et nazis dans le même sac. Ce sont les deux abominations idéologiques du xxe siècle. Lorsque j'étais en apprentissage, un professeur nous a demandé à quoi servaient les syndicats. Reprenant une phrase toujours entendue à la maison, j'ai aussitôt répondu : « À foutre le bordel » ! Le professeur est devenu rouge de colère. Au moment du choc pétrolier en 1973, un vrai séisme pour l'Occident qui se croyait riche car il payait l'énergie à bas prix, je participe à un grand meeting organisé avec EDF et les chefs d'entreprise à Baume-les-Dames. On annonce qu'il faut tout électrifier dans les usines car EDF a un important programme nucléaire pour sortir de la dépendance pétrolière. Au moment où l'on demande s'il y a des questions je me lève : « Je n'ai pas de question mais je préfère être tributaire des Arabes avec leur pétrole plutôt que des bolchéviques de la CGT d'EDF ». Je fais cette sortie devant le préfet, les députés et tous les chefs d'entreprise de la région. Applaudissement général dans la salle d'hommes qui avaient l'âge que j'ai aujourd'hui. Le programme nucléaire était une bonne idée mais la CGT se mettait alors en grève toutes les semaines et nous coupait l'électricité régulièrement. Je commençais déjà à perdre ma timidité.

—— Retour à la vraie vie ——

À mon retour cette même année 1973, je suis venu naturellement travailler avec mon père. Peut-être aurais-je choisi de faire autre chose si j'avais entrepris des études après mon bac ou si j'avais été passionné par un domaine particulier. Comme ce n'était pas le cas, je me sentais un devoir de seconder mon père. Inquiète pour ma santé fragile, ma mère aurait voulu que je rentre à l'ONF (Office National des Forêts). Mais je n'étais pas sûr de réussir le concours d'entrée et puis ce travail ne m'attirait pas même si j'aime la nature. J'ai malgré tout ressenti une pression de mes parents. Implicitement ils souhaitaient me voir prendre la succession afin d'assurer des revenus à mon frère Philippe (Claude n'a jamais travaillé pour l'entreprise). Un jour, ma mère m'a emmené à Montbéliard acheter un réveil et une montre, symboles de mon entrée dans la vraie vie !

Dès mon retour de Carpiagne, en guise de vacances, j'ai passé le mois d'août avec une pelle et une pioche à faire une tranchée d'une quinzaine de mètres de long pour nous raccorder aux canalisations d'eau le long de la route. Jusqu'en 1973, dans l'atelier en face de la maison, mon père pour pallier l'absence d'eau courante nécessaire pour refroidir les extrudeuses, utilisait la pompe de rinçage de vieilles machines à laver qu'il remplissait d'eau. Mais au bout d'un moment l'eau se réchauffait. Et l'après-midi il ne pouvait plus travailler. Notre cousin et voisin, le premier au village à avoir investi dans un congélateur, accepta que mon père l'utilise pour y congeler des seaux d'eau. Il faisait ensuite passer l'énorme glaçon dans le trou de la machine à laver et l'eau ainsi refroidie lui permettait de poursuivre la fabrication.

On travaillait jusqu'au samedi midi et l'après-midi était consacré au nettoyage complet de l'atelier. On chargeait les détritus dans une camionnette, on allait jusqu'à la décharge non loin du village, on jetait tout en vrac avant d'y mettre le feu. La fumée s'élevait comme un champignon atomique tout noir bourré de produits toxiques. On n'avait absolument pas l'impression de faire quelque chose de nocif pour l'environnement. C'était alors le dernier des soucis de la population.

Après avoir installé l'eau, j'ai beaucoup travaillé sur les extrudeuses, de vieilles machines qui tombaient toujours en panne. Faire son marché dans la poubelle des riches, apporte rarement quelque chose de bien. Quand nous en dégottions une d'occasion, avec mon père nous prenions la camionnette, un sandwich pour pique-niquer sur le bord de la route, et nous la ramenions pour l'installer chez nous. Les premières années, j'ai eu des moments de fatigue et d'énervement terribles à cause de ces machines. Si ma mère n'avait pas été là pour m'encourager, j'aurais abandonné. C'était vraiment le rocher de Sisyphe. J'étais désespéré. Même si nous avions beaucoup de respect l'un pour l'autre, j'ai souvent eu des conflits avec mon père car nous n'avions pas la même vision des choses. Quand la cohabitation quotidienne devenait infernale, je rêvais de partir.

En 1974, j'étais profondément déprimé. Cette existence m'épuisait. J'ai craqué et un matin j'ai laissé un mot sur mon lit pour dire que ma vraie vie était ailleurs. Mon idée était d'aller m'engager au Vietnam pour combattre les communistes. Je n'ai pas été plus loin que Marseille où mon frère Claude est venu me récupérer. Je ne tire pas grande gloire de cet épisode. Refuser l'obstacle pour en choisir un autre qui ne m'était pas destiné prouve mon manque de maturité à ce moment-là. Une crise d'adolescence à retardement. Progressivement j'ai pris goût à l'entreprise jusqu'au jour où c'est devenu une passion.

À l'époque, mon père travaillait pour gagner sa vie mais n'avait pas de stratégie de développement. Il saisissait toutes les affaires qui pouvaient être prises dans la région sans planification de la fabrication. Les lettres de commande s'empilaient et c'était le client qui criait le plus fort qui était servi le premier ! L'entreprise allait à vau-l'eau, prête à sombrer.

—— Premier flirt avec les banques ——

Depuis 1969, mon père était au Crédit Commercial de France. Ses clients lui remettaient des traites que l'on pouvait escompter pour être crédité sur notre compte. Un beau jour, le CCF a refusé d'escompter les effets de l'entreprise. Mon père est rentré un soir, il n'avait plus de banque. Les banquiers avaient considéré que notre entreprise n'était pas assez fiable et ternissait l'image de leur établissement. Aidé par notre expert comptable, Monsieur Chavey, nous sommes rentrés à la Banque Populaire.

Mais en 1974, nous étions au bord du gouffre. Un de mes cousins m'explique alors qu'une banque baptisée Crédit Mutuel vient juste d'ouvrir à l'Isle-sur-le-Doubs et qu'elle prête très facilement de l'argent. J'y suis allé. C'était sans doute la première fois que je rentrais dans une banque. Je rencontre le directeur, Monsieur Schaffner, à qui je déclare avoir besoin d'un prêt de vingt-cinq mille francs pour me marier et acheter des meubles. Il me répond qu'il n'y a pas de problème, qu'il va m'ouvrir un compte et débloquer l'argent sur justificatif des factures. J'avais un tel besoin de cet argent que je lui rétorque « Non, ça ne va pas aller ». À ce moment là, comprenant que je n'avais certainement pas tout dit, il me suggère de passer dans son bureau. « Maintenant dites-moi ce qui vous amène ici ». Il devait avoir à peine dix ans de plus que moi. Je lui explique que je rentre du service militaire, que l'entreprise est en faillite et que sans cet argent nous sommes foutus. Il m'explique que je dois d'abord ouvrir un compte personnel sur lequel seront versés les vingt-cinq mille francs puis un compte pour la société sur lequel je reverserai l'argent. Je vais aussi avoir un chéquier pour les salaires (à l'époque on les payait en liquide). Ma demande passe en commission et dès son acceptation, je dispose d'un chéquier tout neuf et d'un crédit de vingt-cinq mille francs sur un compte. L'urgence était de faire des chèques d'acompte à la majorité de nos fournisseurs et ainsi éviter le dépôt de bilan.

Quand on est en difficulté et qu'on n'a pas un sou on est capable de trouver des astuces et de l'énergie pour s'en sortir car c'est vital. Un chef d'entreprise pense toujours que demain ira mieux qu'aujourd'hui mais une entreprise meurt toujours par manque de cash. En 1981, une fois de plus nous avons de nouveau eu de sérieuses difficultés. Là, je n'ai pas hésité à jongler en revendant en leasing du matériel que j'avais acheté à crédit. Au bout du compte j'ai pu tout rembourser et tout est rentré dans l'ordre.

Juste avant le choc pétrolier de 1973, mon père avait changé de fournisseur de matière plastique qu'il trouvait trop cher. Il achetait alors deux tonnes par mois (aujourd'hui Delfingen en consomme 1 800 tonnes par mois,). Mais avec le choc pétrolier, son nouveau fournisseur n'eut bientôt plus de résine pour faire du plastique et ne pouvait donc plus le livrer. Il se retourna alors vers son ancien fournisseur qui, pour se venger de l'avoir quitté, refusa de lui livrer de la marchandise. L'entreprise est restée trois mois sans matière première. Ce problème va fortement me marquer. J'ai imposé au service des achats d'être bien sûr exigeant sur la qualité et les prix mais aussi de s'inscrire dans une longue fidélité avec les fournisseurs et de méditer cette citation d'Oscar Wilde « un cynique est un homme qui connaît le prix de tout et la valeur de rien ». Grâce à cette fidélité nous avons traversé différentes crises sans jamais être à court de matière première. La punition sévère infligée à mon père a été très bénéfique pour ma gestion de l'entreprise.

—— L'Atelier ——

Tout en poursuivant la production dans notre maison, mon père a installé juste en face, sur un terrain acheté en 1970, les deux bâtiments récupérés auprès de l'armée américaine. Sous la tôle, il fait froid en hiver, chaud en été.

En 1972, sur ce même terrain, mon père avait construit un petit hangar pour faire du stockage. En 1975/76, nous construisons deux extensions. Tandis qu'avec mon père, nous trimions dans la boue, mon cousin Jean débarqua avec son bulldozer pour faire les travaux de terrassement. Comme nous n'avions pas les moyens de le payer, je lui ai proposé de l'aider à réaliser des travaux d'expansion de sa ferme. Donc, en plus de mon travail, j'ai passé des heures à couler le béton des stabulations libres destinées à ses bovins. Un boulot de fou ! Dès qu'à l'atelier, une machine tombait en panne, on devait retirer nos bottes pleines de terre et nos attirails de maçon pour retourner réparer le matériel. C'était infernal. Nous y avons travaillé tous les week-ends jusqu'à épuisement. Je me demande aujourd'hui comment je trouvais la force de tout mener de front. Et où mon père trouvait l'endurance physique alors qu'il avait déjà soixante ans. On travaillait plus qu'on ne réfléchissait et par n'importe quel temps ! Quand le terrassement fut terminé, nous avons creusé les fondations, posé la charpente métallique, construit les murs et coulé les dalles. Notre satisfaction au bout du compte ce fut pour la première fois d'être installés dans un hangar dont nous étions fiers.

Au début des années 1960, n'ayant plus d'espace dans la maison d'habitation pour développer ses activités, Emile Streit achète à l'armée américaine deux vieux hangars qu'il pose en face de la maison. Dans ces nouveaux ateliers où on le voit travailler, Emile brave sous la tôle ondulée le froid en hiver et la chaleur en été. Les deux hangars ont trouvé leur place dans le musée dédié à Delfingen.

Nous avions alors deux extrudeuses pour fabriquer les tubes de PVC, et trois machines à confectionner les sacs en plastique. À ce moment-là, nous achetions des rouleaux de polyéthylène pour les fabriquer. Nous avions aussi les deux machines à souder à haute fréquence qu'utilisait ma tante. Une très vieille machine outil pour fabriquer des amortisseurs de voiture Peugeot. Une camionnette Peugeot J7 pour les livraisons mais aucun matériel de manutention. Nous étions des touche-à-tout ! Les tâches administratives étaient faites à la main par ma mère aidée par Françoise après notre mariage. Elles ont accompli un travail remarquable sans avoir ni l'une ni l'autre de formation pour la comptabilité et la facturation.

En 1975, les deux hangars américains font place aux premiers vrais ateliers en dur. Avec des moyens dérisoires, Bernard qui a repris l'affaire et son père Emile, entreprennent seuls les travaux de construction. Ils y passent tous leurs week-ends tandis que pendant la semaine ils se battent avec les vieilles machines qui tombent en panne tout en essayant de satisfaire leurs clients.

Mon père en vrai technicien était capable de rafistoler n'importe quelle machine avec trois fois rien. Quand il n'était pas là, ce qui était le cas la majeure partie de la journée, je pestais sur ces vieux outils qui me faisaient perdre un temps colossal. Ces périodes furent vraiment très difficiles. La fabrication de sacs en plastique reste alors notre plus grosse activité. Sacs pour les maraîchers, pour les marchands de cacahuètes, puis des sacs pour Peugeot. Tout est déchargé à la main par mon père et moi, parfois mon frère Philippe nous donne un coup de main. Des tonnes de rouleaux de plastique à descendre des camions et emmener au fond d'un garage. Ce travail de forçat m'a donné une belle endurance malgré ma maigreur. On a acheté notre premier chariot élévateur en 1976. À cause des pannes récurrentes des machines, nous avions souvent d'énormes retards de production que nous tentions de combler en famille les samedis et dimanches. Les jours de Pâques et de Noël étaient les seuls où ma mère nous interdisait de mettre les pieds à l'atelier. Comme il nous fallait déjà deux mois et demi pour tout calculer à la main puis taper les factures à la machine et qu'en plus le règlement se faisait à quatre-vingt-dix jours à réception de la facture, nous avions un mal fou à équilibrer les comptes.

— Mon père, ce fantastique artisan —

Après la construction de l'atelier, un autre tournant pour l'entreprise a été l'achat d'une machine à faire le film plastique pour les sacs. Nous sommes allés avec mon père à Sainte-Sigolène dans le Massif central, fief de la fabrication des sacs plastique en France et nous avons acheté une machine d'occasion que nous avons installée dans notre nouvel atelier. Sans le savoir-faire de mon père, sa patience, sa mémoire, son endurance, je n'aurais jamais pu faire marcher cette extrudeuse pour produire le film polyéthylène. Il faut savoir que nous achetions toujours dans la poubelle des riches qui eux investissaient dans des machines bien plus performantes. Mais pour la première fois, grâce à cette valeur ajoutée, nous allons commencer à gagner de l'argent. Alors que je m'efforçais encore, avec bien du mal, à remonter cette nouvelle machine, mon père arriva avec un large sourire pour m'annoncer une commande de Peugeot pour quinze tonnes par mois de film polyéthylène, première livraison dans un mois. Du haut de mon échelle, la colère me submergea ! Je pris mon père pour un fou ! La machine ne fonctionnait toujours pas, je ne voyais pas comment il aurait été possible de livrer Peugeot dans un délai si court. Je me rends compte aujourd'hui que le même schéma se reproduit avec les jeunes qui m'entourent et sont inquiets quand je fonce pour investir à l'international et promettre aux clients le développement très rapide de nouveaux produits. Mon père avait l'expérience de la vie. Il était intimement persuadé qu'on y arriverait car c'était vital pour nous. Un homme motivé passe tous les obstacles.

À ce moment-là, comme nous dépassions les 150 tonnes de polyéthylène par mois et que nous n'avions plus de place dans l'atelier, le bord de la route se remplissait de palettes surchargées de sacs de matière première. Face à ces amoncellements qui ne plaisaient pas aux habitants d'Anteuil, je décide en 1977 d'agrandir en supprimant les deux bâtiments américains pour construire en dur. Pendant les vacances d'été, je fais le terrassement et commence à couler la dalle pour que tout soit prêt dès septembre. Une fois la dalle prête, il me restait à assembler le bâtiment que j'avais reçu en modules quand le lendemain matin à sept heures, débarque un représentant des Ponts et Chaussées exigeant de voir notre permis de construire. Nous sommes alors persuadés que nous avons été dénoncés. Nous sommes contraints d'arrêter les travaux car bien sûr nous n'avons jamais eu l'idée de demander un permis de construire. En septembre, une partie des machines étant dehors juste protégées par des bâches, nous sommes contraints de travailler dans des conditions déplorables sous la risée du village. Pour accélérer la procédure de demande de permis, nous allons voir le préfet et finissons par trouver un compromis avec le voisin qui accepte que nous installions notre bâtiment à une distance non réglementaire de son terrain mais pour une durée de cinq ans seulement. Dès l'obtention du permis en janvier, nous avons très vite monté le bâtiment pour y remettre les machines. Trois ans plus tard, quand nous nous sommes installés sur un terrain de mon beau-père, là où nous sommes aujourd'hui, j'ai revendu le fameux bâtiment à un entrepreneur de Besançon.

V

Vers la maturité

L'amour de ma vie

Je rencontre Françoise en mai 1975. C'est un véritable coup de foudre. Nous nous marions en novembre de la même année. Elle vient d'un milieu encore plus modeste que le mien. Ses parents sont des paysans qui n'ont jamais bougé d'Anteuil, ne sont jamais partis en vacances. Aînée de quatre enfants, elle a deux ans de moins que moi et donc, bien que nous soyions du même village, nous ne nous croisions pas enfant. Après son brevet, elle prépare un bac agricole puis elle fait une formation d'assistante familiale et commence à travailler en se jurant qu'elle ne fera jamais de tâches administratives. Après notre mariage, elle quitte son emploi pour rentrer dans l'entreprise et s'atteler à ce qu'elle déteste le plus : factures, bordereaux, livres des comptes, etc. C'est pour elle une véritable épreuve qu'elle partage avec ma mère. Sans une épouse comme elle, sans sa simplicité, son bon sens, son sens de l'économie dans un ménage qui n'a pas un sou, jamais je n'aurais pu faire face à tous les problèmes qui jaillissaient de toute part et suivre le parcours qui a été le mien. Un an après notre mariage, Gérald vient au monde. Deux ans plus tard, David. À cette époque, nous nous habillons exclusivement dans des friperies en achetant les vêtements au kilo, les chaussures exceptées. Comme mes parents le faisaient. La seule exception est ce qu'on appelle « le pantalon du dimanche », unique vêtement correct.

Françoise a toujours eu une étonnante capacité à surmonter les épreuves sans jamais interférer dans les affaires de la société. Mon grand regret est de ne pas avoir été très présent à ses côtés pour l'aider dans l'éducation des enfants. De par son engagement total dans l'entreprise pendant tant d'années, elle se retrouve aujourd'hui sans beaucoup d'amis et souffre toujours du regard des autres sur notre réussite. C'est une femme formidable, solide et incroyablement modeste qui a eu le courage d'accepter de vivre pendant des années au milieu de sa belle-famille, dans la maison de mes parents. Si je devais recommencer, jamais je ne referais une bêtise pareille. Mais je n'en étais pas vraiment conscient à ce moment-là. Je me dissimulais derrière le fait que nous n'avions pas les moyens d'aller ailleurs. Mais au fond, je ne devais pas avoir la force de quitter le giron familial.

Il est difficile d'avoir en même temps une vie de couple et de travailler ensemble. Nous n'avons bien sûr jamais eu de rapport hiérarchique. Françoise a eu l'intelligence de remplir plusieurs postes ou plusieurs fonctions, qu'il s'agisse de préparer une réunion ou de s'occuper du courrier, mais elle est toujours restée en retrait par rapport aux grandes décisions de l'entreprise. Par contre, elle n'a jamais accepté d'aller à des réceptions ou dîners mondains. Cela ne l'intéresse absolument pas et la stresse. C'est une situation toujours compliquée à vivre lorsque les deux personnes n'évoluent pas à la même vitesse et dans le même champ. Aujourd'hui cela me dérange beaucoup moins. Même les bristols de l'Élysée ont fini au broyeur ! Pour moi, être au four et aux petits fours n'est pas toujours compatible avec ma vie d'entrepreneur.

Notre mariage dans le nouvel atelier que nous avions construit avec mon père face à la maison, fut un moment historique. Comme nous n'avions pas d'argent pour louer une salle, nous avons vidé une partie des machines et dans un coin nous avons improvisé une cuisine, puis invité toute la famille, une centaine de personnes. La fête a commencé le samedi et s'est terminée le lundi quand il n'y avait plus rien à boire. Ce fut un beau mariage. Le lendemain avec mon père nous avons remis les machines en place et le mardi après-midi on recommençait à produire. En guise de voyage de noces, ma mère a proposé que la semaine suivante, je prenne le relais de mon père et que j'aille livrer pour passer un peu de temps avec ma femme. Françoise a ainsi visité tous les centres de réception de marchandises de Peugeot. Ce fut le seul moment un peu intime que nous avons passé ensemble juste après notre mariage. Par la suite Françoise a passé sa vie à m'attendre.

Nous avons vécu cinq ans dans l'ancien atelier à l'étage de la maison de mes parents. Nous y avions aménagé notre chambre, une cuisine et un séjour. J'ai acheté ma première voiture à trente-quatre ans, jusque-là je me servais de celle de mon père. Ensuite, j'ai envisagé la possibilité de construire une maison en empruntant de l'argent. Par un tour de passe-passe, j'ai utilisé le prêt destiné à la maison pour l'usine. J'ai mis ensuite trois ans pour la finir par mes propres moyens. Françoise commençait à s'inquiéter. Je n'avais pas posé le carrelage, ni installé l'électricité et le chauffage. André Cassard, le maçon qui avait commencé les travaux, me proposa un jour de poser les carrelages. Je lui ai rétorqué que je n'avais pas d'argent pour le payer. Il n'en a pas tenu compte et les a posés. De son côté, l'électricien, Michel Gomez, a fait la même démarche et nous a installé l'électricité et le chauffage afin que nous puissions emménager. Je leur en ai toujours été reconnaissant. Par la suite, je les ai toujours fait travailler pour l'entreprise à Anteuil mais aussi à l'étranger. Grâce à eux, pour Noël 1981, nous avons pu enfin nous installer chez nous. Nous étions heureux mais surpris d'entendre nos deux fils, Gérald âgé de cinq ans et David, trois ans, nous répéter tous les jours : « c'est quand qu'on rentre chez nous ». Françoise et moi sommes persuadés que ces événements leur ont forgé un esprit de famille aujourd'hui toujours bien ancré en eux.

—— Avancer ou périr ——

Dès 1974, je prends l'ascendant sur mon père qui ne sait plus comment s'en sortir pour éviter la faillite. Quatre ans plus tard, c'est moi qui dirige et prends les décisions. Il a d'ailleurs envie de passer à autre chose. Cette année là, je décide d'augmenter les prix de 25 % choix qui n'a pas été le fruit d'une longue réflexion mais un souci d'aller au plus simple et au plus vite. Mon père, terrorisé à l'idée de perdre ses clients, est persuadé que je ne veux plus travailler. Les responsables de chez Peugeot que j'ai informés, viennent à Anteuil et finissent par admettre, en sortant des vieux hangars américains, que nous n'avons pas fait fortune sur leur dos. Puis j'ai demandé à mon père de faire le partage de ses biens avec mes frères. Il n'était pas question que je développe l'entreprise et qu'ensuite se fasse un partage à trois. Nous sommes allés voir un notaire et mon père a décidé qu'il m'en laissait la nue propriété et qu'il en conservait l'usufruit. J'ai rétorqué que si c'était ainsi il pouvait tout garder. Pour moi ce n'était pas équitable. « C'est tout ou rien » lui ai-je dit. J'ai conscience d'avoir été très dur avec lui. Il a réfléchi puis il a été d'accord pour un partage qui ne me lésait pas.

Quand j'ai repris la société, mon père avait cette fâcheuse habitude de partir tous les jours livrer les clients, Un jour je l'ai averti « Je veux bien être le fils du PDG mais pas du chauffeur livreur ». Il était furieux. Je lui ai proposé d'embaucher une personne à mi temps pour livrer à sa place. Alors il s'est mis à préparer les expéditions. Là aussi, je ne trouvais pas que ce soit sa place. Je lui ai dit qu'il devait faire son boulot de patron. Mais pour lui ce n'était pas clair. Il était un peu dépassé par la situation. Artisan dans l'âme, il ne savait pas diriger. Il a toujours été un inventeur hors pair, mais il ne trouvait plus sa place dans la progression de l'entreprise. J'ai recruté quelqu'un pour préparer les livraisons. Finalement, il s'est retiré tout en restant là, toujours serviable.

Officiellement mon père part à la retraite en 1984 et je prends la fonction de PDG de l'entreprise. Mais dès 78/79 il a lâché prise sur toutes ses responsabilités. J'ai vingt-six ans et progressivement il me cède la main tout en continuant ses activités. Ce fut sans doute la période où il fut le plus heureux. Il n'avait plus mal à l'estomac. Il venait le matin, il travaillait dur mais surtout il n'avait plus le souci de faire vivre l'entreprise.

Lorsqu'en 1977, mon beau-père nous fait la donation d'un terrain où nous allons pouvoir construire notre maison, en paysan plein de bon sens il me propose de me laisser aussi le terrain qui est dans le prolongement afin que j'y construise mon usine. Je refuse, n'imaginant pas construire une usine. En 1979, je retourne le voir pour lui demander le terrain en question. Il me répond : « Je t'attendais ! »

Nous y avons construit un premier petit bâtiment de 1 500 m^2, contraints de tout payer, même les installations d'eau, d'électricité et de tout à l'égout car la commune refuse d'y participer. En septembre 1979, pour faire des économies, nous allons faire nous-mêmes, avec un bulldozer conduit par mon père, le remblaiement de la zone trop pentue en allant récupérer des blocs de pierre. Pendant quatre mois, tous les week-ends et par tous les temps, nous récupérons des pierres, les chargeons et remblayons le terrain pour y construire l'usine. Là encore, avec mon père nous travaillons comme des titans tout en continuant tant bien que mal à gérer la fabrication.

—— À deux pas du précipice ——

Pour ce bâtiment, nous allons pour la première fois avoir recours à des entrepreneurs spécialisés. C'était un vrai coup de poker. Mais un chef d'entreprise mise toujours sur l'avenir en imaginant que cela ira mieux après.

Nous avons eu des difficultés à trouver le financement. Nous empruntons sept cent mille francs, une somme énorme pour nous. Comme je suis encore un piètre gestionnaire et que je n'ai pas tout prévu, au fur et à mesure de l'avancée des travaux, je me rends compte que nous n'aurons pas assez d'argent pour les terminer. Depuis 1974, époque où nous étions sur le point de faire faillite, nous avons bien redressé la barre et disposons d'un peu de cash. Lorsque j'utilise cet argent pour finir les travaux qui dépasseront le million de francs, je n'ai pas vu que notre rentabilité est en train de s'effondrer.

Nous avons aménagé le nouveau bâtiment en août 1980 et nous nous y installons le 1er septembre. Nous avons quatre lignes d'extrusion à polyéthylène, deux lignes d'extrusion de PVC, la vieille machine à usiner les pièces d'amortisseur, quelques machines à souder haute fréquence. 70 % de notre chiffre d'affaires se fait toujours dans les sacs plastique. Mon objectif est de poursuivre et d'augmenter cette production.

Mais la dégradation de nos marges se poursuit. Il n'y a pas un an que nous sommes installés dans ce bâtiment encore rudimentaire que nous sommes de nouveau à deux doigts de faire faillite ! Pour mon père en fin de carrière, ce serait le coup de grâce. Les banquiers me disent qu'il serait grand temps que je me forme à la gestion d'entreprise.

En 1981, nous traversons une étape historique. Je dois à nouveau solliciter les banques pour éviter la banqueroute ! Mon père tous les matins se jette sur le courrier pour apporter les chèques à la banque qui nous harcèle tous les jours au téléphone. La situation est d'autant plus intenable qu'ayant emménagé en août 1980, nous n'aurons l'installation téléphonique qu'un an plus tard. Sans cesse, Françoise fait à vélo des aller-retour à l'usine pour m'avertir de redescendre à la maison répondre aux banquiers et aux clients.

Christian Besançon de la Banque Populaire me conseille vivement de me former et menace de clore nos comptes si je ne prends pas le taureau par les cornes. C'est mon incompétence qui nous a fait basculer dans cette situation catastrophique. La violence de sa réaction m'oblige à m'inscrire à une formation en gestion des entreprises. Quand nous sommes rentrés en bourse, je l'ai invité. Devant les deux cent cinquante personnes présentes, j'ai pris la parole : « Quand on rentre en bourse c'est aussi pour être moins dépendant des banques et trouver d'autres financements. Tout le monde un jour dans sa vie d'entrepreneur a eu envie d'étrangler son banquier. Pour ma part, celui que j'ai failli étrangler est Christian Besançon ici présent. Je demande qu'on l'applaudisse car sa menace de clore mes comptes à un moment donné et son refus de payer mes fournisseurs ont fait mon bonheur ! Sans lui, l'entreprise aurait sombré depuis longtemps ! »

Mais sur le moment cela n'a pas fait mon bonheur car je devais trouver une autre banque. Je vais à nouveau solliciter le Crédit Mutuel, Monsieur Schaffner, qui me répond que ce n'est plus de son ressort. Je dois m'adresser à la BECM, la banque du Crédit Mutuel de Strasbourg. Un cadre de cette banque, Monsieur Mansour, vient visiter l'usine où rien n'est achevé, ni les alentours, ni les bureaux, consulte les comptes et conclut qu'il nous manque trois cents mille francs. À la fin du déjeuner dans la maison de mes parents, il allume sa pipe, observe attentivement la pièce puis nous dit : « Votre maison vaut bien trois cents mille ! ». Mes parents répondent de concert : « Ah ! oui ! » Le banquier suggère une hypothèque. De nouveau en cœur, mes parents acquiescent. Mon père a plus de soixante ans. Il n'a que sa maison qui en fait appartient par héritage à ma mère. En quelques secondes, mes parents optent pour cette solution et c'est ce qui va nous sauver. Pour moi, ce moment est bouleversant et montre l'attachement viscéral de mes parents à leur entreprise. Je me demande aujourd'hui, parvenu à l'âge qu'ils avaient alors, si je serais capable d'un tel sacrifice ! Grâce à eux, nous sommes sortis de la trappe. Dès que les affaires ont repris, en 1984, j'ai pu lever l'hypothèque et l'annoncer à mon père lors de son départ à la retraite.

Nous obtenons aussi un prêt participatif de la banque. Mais l'argent ne parviendra sur le compte qu'au bout de quelques semaines. Me vient alors l'idée de faire une grande vente de sacs en plastique. Avec Françoise, nous courons la région pour mettre des affiches un peu partout, chez les commerçants, sur les pare-brises des voitures. Enormément de gens sont venus acheter, pensant que nous étions en liquidation. En trois jours nous avons vendu dix tonnes de sacs que nous avions fabriqués spécialement pour cette vente. Les voitures étaient garées jusqu'à l'autre bout du village ! Ma mère n'avait de sa vie jamais vu autant d'argent liquide. Je suis ensuite allé le déposer dans une autre banque pour qu'il ne soit pas absorbé par celle où nous avions nos dettes et envoyer tout de suite des acomptes à nos fournisseurs.

Après avoir évité la faillite à court terme, il était nécessaire de se mettre en position de rentabilité pour rembourser les banques. Nous étions animés d'une telle rage de réussir que nous n'imaginions pas un échec. C'est ce qui nous a sauvés.

—— Retour sur les bancs de l'école ——

Dès cette affaire réglée, je me suis donc inscrit au GRETA, une formation qui dépend de l'éducation nationale. J'y ai rencontré un professeur formidable et passionné, Daniel Martin, qui m'a appris d'une façon extrêmement simple avec beaucoup de bon sens, tous les rudiments de la gestion d'entreprise.

J'ai poursuivi avec une formation de dix-huit mois à l'Institut de Commerce et de Gestion où j'ai plus appris en discutant avec mes collègues de leurs difficultés qu'en écoutant les professeurs. Il faut toute sa vie être une éponge et rester persuadé qu'il y a quelque part quelqu'un qui détient la solution d'un problème qu'on n'arrive pas à résoudre. « Là où il y a une volonté, il y a un chemin » a dit Winston Churchill.

Daniel Martin qui m'a formé à la gestion d'entreprise, propose de m'initier à l'informatique, pour moi c'est de l'hébreu ! Mais je vais me passionner pour ce système et je découvre à quel point cela permet de simplifier toutes les tâches administratives que nous faisons encore à la main. En 1984, je lui demande d'informatiser l'entreprise. En quelques mois, nous sommes passés de l'ombre à la lumière. De ma vie, je n'ai jamais rien vu qui fasse faire un bond aussi prodigieux que celui que nous faisons avec l'informatique. Pour moi-même je ne vois pas l'intérêt d'avoir un ordinateur. Je ne sais pas taper à la machine et l'orthographe est mon pire ennemi, mon secrétariat fait cela très bien. Mais en 1984 sortir une facture instantanément est un progrès spectaculaire qui nous permet un gain de temps considérable pour faire rentrer du cash.

Durant cette période, je rencontre Philippe Humbert, un spécialiste en ergonomie. Il m'explique que le cadre bâti a une énorme influence sur la façon dont les hommes vont vivre. C'est au moment où nous avons en projet de faire une extension des bâtiments construits en 1980 pour établir des bureaux. Nous formons un groupe de travail et nous nous réunissons dans la salle paroissiale du village. Il nous fait réfléchir sur l'organisation que nous souhaitons, la manière dont nous concevons notre existence dans l'entreprise. Il nous fait prendre conscience qu'il est nécessaire d'avoir des lieux de réunion informelle et combien ces relations apportent de richesse aux personnes de l'entreprise. Qu'il nous faut aussi avoir des parkings mais sans places réservées. Ce qui permet de créer les conditions pour qu'un jour ou l'autre on chemine à côté de son patron pour aller jusqu'à l'usine. L'importance aussi de tous rentrer par la même porte. Créer des toilettes agréables utilisées par tous. Ouvrir les lieux de travail avec des fenêtres par lesquelles chacun peut voir l'extérieur. Il nous apprend que le vouvoiement impose une distance alors que le tutoiement facilite les rapports, que s'appeler par le prénom induit de la proximité et supprime les positions hiérarchique et sociale. Le cheminement auquel nous amène Philippe Humbert va marquer fortement la structure architecturale de l'entreprise. Cet aspect est fondamental sur la façon dont nous souhaitons fonctionner. En 1985, nous faisons une petite extension pour établir des bureaux. C'est un moment historique car c'est la toute première fois que l'entreprise aura de vrais bureaux. Le mobilier du mien n'a pas changé depuis.

Philippe Humbert nous fait aussi travailler sur les valeurs de l'entreprise. Elles sont établies dès 1984. Je décide alors du partage des bénéfices. J'explique à l'ensemble du personnel que 20 % des bénéfices seront chaque mois ajoutés aux salaires. Plus la récompense est proche de l'effort, plus elle est stimulante. Grâce à l'informatique installée par Daniel Martin, j'ai le chiffre qui tombe en fin du mois et je fais la répartition entre chacun. Mais ce premier partage amène une catastrophe. Alors qu'ils ont touché une prime conséquente, les employés rechignent à travailler. L'ambiance devient détestable. Stupéfait, je prends cette réaction pour une forte ingratitude et rentre dans une colère terrible. Je sais que je ne peux plus faire marche-arrière car je m'y suis engagé. Mais j'ai l'impression d'avoir fait une erreur monumentale. Je me confie à Daniel Martin. Il me ramène à la raison en m'ouvrant les yeux sur l'inculture de ces gens qui sont cependant loin d'être sots. Ils ont reconstitué à travers ce qu'ils ont touché, la valeur des 100 % et ils imaginent qu'ils n'ont reçu que des miettes quand leur patron s'est mis 80 % des bénéfices dans la poche. Il me conseille de les initier à l'économie d'entreprise. Plusieurs après-midi, je réunis tout le personnel dans un hangar et sur un tableau Daniel Martin leur explique le fonctionnement d'une entreprise en leur posant des questions basiques qui les amènent à réfléchir. Par démonstrations successives, il leur fait prendre conscience de l'économie de l'entreprise. Après quelques mois, défaits de leur sentiment d'injustice, ils se sont remis à travailler et l'enthousiasme est revenu.

La transparence de nos résultats dès cette époque nous permettra d'aborder sans heurts l'introduction en bourse en 1996 où les comptes deviennent publics.

En 1984, l'usine est dans un petit bâtiment de 1 500 m² où nous sommes une quarantaine de personnes. Dans les années qui suivent, progressivement nous allons racheter des terres à la municipalité sur une surface de quinze hectares. Nous avions beaucoup souffert de ne pas avoir de terrains au village.

Avec mon ami et entrepreneur, Gaston Girardet, avec qui j'ai fait une partie de ma scolarité, nous allons réfléchir à la façon de construire de manière pratique et harmonieuse nos prochains bâtiments. Nous conservons à l'esprit les possibilités du futur développement de l'entreprise en dépit des difficultés que nous venons de traverser. C'est Françoise qui a eu l'idée des couleurs pour l'extérieur. Grâce au vert et blanc, l'usine se fond dans le paysage et ne le dénature pas. Gérald et David encore enfants ont eu à chaque extension de l'usine la charge de ramasser tous les cailloux avant que nous semions le gazon. Ce qui représentait un travail long, pénible dans lequel ils mettaient tout leur cœur.

Je n'ai voulu aucune barrière mais de grands espaces de pelouse, un peu à la manière d'un campus ! L'ensemble est simple, propre, rationnel, jamais clinquant mais élégant et épuré.

Quand un client arrive, découvre les bâtiments, franchit l'entrée lumineuse et s'installe dans la salle où nous lui projetons le film sur la société, la moitié du chemin vers la commande a déjà été parcourue.

En 1980, Bernard Streit sur un terrain cédé par son beau-père, peut enfin construire une véritable usine. Très vite, l'entreprise se développant, les premiers bâtiments ne suffiront plus. Après dix étapes d'agrandissement, l'ensemble a conservé une belle harmonie sans jamais dénaturer l'environnement.

VI

Les grands bouleversements 1985-1995

Sortir de l'ornière

Lorsque nous emménageons dans l'usine tout juste terminée, en août 80, nous affrontons une nouvelle crise terrible. Quand une entreprise ne gagne pas d'argent, soit l'organisation ne fonctionne pas, soit les machines ne sont pas assez compétitives, soit on n'achète pas correctement, soit on ne vend pas assez cher. Nous, nous avions la conjonction de tous les facteurs à la fois ! Mais bien sûr, à l'époque je suis bien incapable d'analyser avec finesse la situation. Le plus incroyable, c'est que nous faisons face à une série d'événements qui se déchaînent sans comprendre ce qui nous arrive. Alors je suis allé là où c'était le plus facile : augmenter nos prix de vente de 5 à 20 % comme je l'avais fait lors de nos difficultés en 1974. / Nos clients n'ont pas bronché. Nous en avons perdu quelques-uns quand même. Nous avons ainsi stoppé certains foyers de perte. Mon père était beaucoup plus sceptique. Pour lui, il était inconcevable de traiter ainsi les clients. Pourtant, c'est à ce moment-là que je vais décrocher plusieurs commandes qui vont sortir l'entreprise de l'ornière et la faire décoller.

En 1982, les allumeurs traditionnels des moteurs à explosion vont progressivement être remplacés par des allumeurs électroniques parallèlement à la disparition de la tôle de protection des moteurs. En attendant la nouvelle technologie, Peugeot nous passe commande de gaines de protection pour ces vieux allumeurs sensibles à l'humidité. Je leur propose un prix qui fait bondir mon père. Mes tarifs sont cependant acceptés par la direction des achats qui a un besoin urgent de ces pièces et passe commande d'énormes quantités. Nous allons enfin commencer à gagner de l'argent.

En 1983, nous poursuivons notre politique d'investissement et pour la première fois nous sommes décidés à acheter une ligne d'extrusion de polyéthylène neuve pour sacs plastique. Au Salon de Dusseldorf, nous découvrons les machines portugaises de Carvalho et Catarro bien moins chères que celles des autres fabricants européens. Mais nous avons des blocages, imaginant leurs machines moins bonnes que celles des Allemands ou des Italiens. Ils nous rappellent quelque temps plus tard pour nous convier à Leiria au Portugal pour voir une machine correspondant à ce que nous recherchons. Mon père et moi ainsi que François Ott, premier technicien supérieur embauché par l'entreprise, prenons l'avion pour la première fois de notre existence. Le Portugal nous paraît alors terriblement en retard. Mais nous sommes impressionnés par la modernité de l'usine et nous achetons cette machine. Un an plus tard, je me décide à investir dans une extrudeuse neuve pour faire du tube PVC. Cette fois je descends au Portugal en voiture avec Françoise et les enfants et nous en profitons pour passer quinze jours de vacances au bord de la mer, à Nazaré.

—— Un opportunisme de bon aloi ——

La même année, je produis des petits tubes de protection en PVC pour les câblages de Peugeot, à cette époque toujours intégrés à la fabrication des voitures. Un jour, je suis convoqué à l'une des usines fabricant de faisceaux électriques pour défaut de qualité. La première heure se passe plutôt mal. J'ai en face de moi une femme qui ne m'épargne rien. En traversant une allée, elle saisit un morceau de gaine annelée dans un container et me lance « Et ça, vous sauriez faire ? » Instantanément je réponds « Bien sûr Madame ! » Mais je n'avais pas la machine pour fabriquer ce produit. En rentrant, j'appelle Monsieur Adelino Carvalho au Portugal qui m'annonce que le spécialiste de ces machines est à une heure d'Anteuil. Je lui rends visite et il propose de me mettre en relation avec un fabricant italien de Brescia. Nous nous accordons sur les prix des machines.

J'appelle à Paris le responsable achat des gaines annelées de Peugeot. Je lui explique que je suis à deux pas de l'usine de Sochaux, il me rétorque que c'est leur usine de Rennes qui sera piloté de ce projet, afin d'éviter sans doute qu'une trop grande proximité de voisinage ne tisse des liens et me permettent d'avoir accès à des informations confidentielles. Pendant des mois, pour mettre au point ce produit, je fais l'aller-retour Anteuil Rennes dans la journée, traversant la France d'Est en Ouest avec ma camionnette tôlée. Il est impossible que je m'absente plus d'une journée car je dois répondre au téléphone, faire les devis, réparer les machines et fabriquer les produits ! J'avale ensuite les 1 200 km aller retour à Brescia, pour faire des essais avec le fournisseur qui construit la machine, avant de retourner à Rennes pour tester les échantillons. J'ai pris l'habitude d'inviter à déjeuner la personne en charge du dossier à Rennes. Au fil du temps, nous avons fait plus ample connaissance et tissé des liens amicaux. Lorsqu'un jour, revenant à son bureau après le déjeuner, il a allumé sciemment l'écran de son ordinateur avant d'aller aux toilettes. J'avais ainsi sous les yeux tous les prix pratiqués par mes concurrents et comme je n'avais pas encore fait de proposition tarifée à Peugeot, j'étais en mesure d'être moi-même compétitif. Si j'avais fixé mes prix en fonction de mes coûts, je les aurais mis bien plus bas et me serais privé de marges considérables. J'en ai tiré une belle leçon. Si on ne parvient pas à connaître le prix du marché, on ne peut faire que des erreurs. Je vais alors proposer à la direction des achats un prix 5 % globalement supérieur à ceux que j'ai relevés. Lorsqu'un client vous contacte pour un problème de qualité et qu'il vous suggère fortement de produire aussi un autre composant, c'est certainement parce qu'il rencontre des difficultés avec son fournisseur. D'où mon réflexe de mettre un prix plus élevé. J'obtiens la commande et la production augmente à un tel rythme que bientôt je suis obligé d'acheter une, puis deux, puis quatre machines pour pouvoir servir la demande de gaines annelées.

C'est le début d'un nouveau décollage. Mais notre concurrent, le groupe Alfa, dispose d'une gamme complète d'accessoires : clips, fixations, T de dérivation, qui s'adaptent sur sa gaine annelée pour accrocher les faisceaux électriques à la carrosserie des voitures. Afin d'avoir nous aussi une gamme complète, nous devons nous mettre rapidement à développer des pièces identiques. Mais les techniciens de notre bureau d'études qui ont dessiné toutes les pièces n'ont jamais contrôlé si elles s'adaptaient bien autour de la gaine annelée. Ils livrent les premiers échantillons chez Renault avec tous les rapports de conformité. Quelques jours plus tard, je suis convoqué aux bureaux de Rueil-Malmaison. Le patron des achats est furieux car aucune pièce ne se referme correctement sur la gaine. La réunion est très mouvementée. Je suis dans une situation critique. Exaspéré, le leader de la réunion demande une pause et descend dans la cour pour fumer une cigarette. Je l'accompagne. Nous commençons à discuter de choses et d'autre puis, de but en blanc, il m'explique qu'il cherche à revendre au plus vite sa voiture qu'il change tous les six mois afin de bénéficier d'une remise de 20 %, une pratique courante chez les employés des constructeurs automobiles. Il me demande si je ne connaîtrais pas quelqu'un intéressé par une R21. Sans réfléchir, je réponds « Si, moi ! Mon épouse rêve d'une R21 ». Il est sidéré et nous concluons aussitôt l'achat. Au retour dans la salle de réunion, il prend d'emblée la parole et face à ses collaborateurs : « Dans la vie, il n'y a que ceux qui ne font rien qui ne se trompent pas. Monsieur Streit, on vous laisse quinze jours pour revenir avec les bonnes pièces. La séance est levée ». Mon épouse n'a jamais rêvé d'avoir une R21 mais je ne sais si, sans cette voiture, les choses se seraient passées de la même manière. Quant aux techniciens responsables de cette monumentale erreur, ils ne sont pas restés longtemps chez Delfingen.

En 1987, l'entreprise Y, filiale du groupe Alfa, leader français du tube annelé pour les réseaux électriques du bâtiment est notre concurrent direct. Le directeur du département de cette fabrication, inquiet de notre arrivée sur ce marché, vient me voir à Anteuil. Je lui affirme que le sac plastique est ma principale activité et celle dans laquelle je veux continuer à investir. Il n'est pas question de lui laisser croire que je peux être un concurrent potentiel pour la gaine annelée. Il repart satisfait. Le responsable du tube annelé pour l'automobile de cette même entreprise Y, demande quelques mois plus tard à me rencontrer de manière confidentielle. Il m'explique qu'il a investi dans une machine à fabriquer ces fameuses gaines afin de créer sa propre entreprise. Mais il a de tels problèmes financiers personnels qu'il me propose de racheter sa machine. J'accepte sans hésiter et vais la récupérer avec mon père. Mais coup de théâtre, il monte en grade, devient responsable de toute la partie commerciale du groupe et commence partout à nous dénigrer. Un jour, à Rouen, un client me révèle cette information. Je lui demande s'il peut lui dire que le « mauvais tube » qu'il nous reproche de faire, est fabriqué avec la machine qu'il nous a vendue. Juste un an plus tard, l'entreprise Y annonce qu'elle cesse la fabrication de la gaine annelée pour l'automobile alors qu'elle tient encore 50 % du marché français. Je n'ai jamais mis en marche la machine qu'il m'a vendue. La seule raison pour laquelle je la lui avais achetée était pour le mettre en porte à faux. Nous n'aurons plus de concurrent en France.

—— Miracle de la gaine annelée ——

À Nevers, Alphacan, fabricant de tubes lisses pour la distribution d'eau chaude et d'eau froide pour les maisons d'habitation, recherche un fournisseur de gaine annelée pour protéger ses tubes. Régulièrement visité par un commercial de chez nous qui ne comprend pas leur attente, le patron excédé m'appelle et devant notre incapacité à comprendre ce qu'il veut, me dit vouloir faire appel à un fabricant de la région de Salonique en Grèce. Je lui demande de me donner une dernière chance. Je saute dans ma voiture et fonce à Nevers pour comprendre ce dont il a besoin et promets de lui apporter dès le lendemain de nouveaux échantillons. À peine sorti de l'usine, j'appelle de ma voiture l'atelier de production à Anteuil pour leur demander de me réaliser les échantillons dans la nuit. J'explique à ces collaborateurs professionnels exactement ce qu'il me faut. Au petit matin, je récupère les échantillons, prends un café et repars pour arriver à sept heures à Nevers. Le patron est tellement stupéfait de me revoir si vite qu'il pense que j'ai dormi dans ma voiture. Je sors les échantillons qui cette fois correspondent à sa demande et nous faisons affaire. De jour en jour, les commandes d'Alphacan ne cessent d'augmenter. Mais trois mois plus tard, le patron m'appelle furieux pour me dire qu'il ne sait plus où stocker sa marchandise tellement il arrive de camions de livraison ! Son parking est rempli de containers à perte de vue. Personne chez eux ne s'est aperçu qu'il y a eu un bug dans le système informatique au niveau des commandes. En plus, ils ne parviennent pas à faire passer leurs tubes lisses dans nos gaines annelées. J'ai rapatrié les dix-sept semi-remorques que j'ai entreposés dans les bâtiments que nous venions d'acquérir à Clerval, à cinq kilomètres d'Anteuil. Avec une équipe de collaborateurs, aidée de Gaston Girardet, nous finissons par trouver une technique pour enfiler la gaine lisse dans cette fameuse gaine annelée. J'en fais part au patron d'Alphacan et lui propose de faire gratuitement l'assemblage. En quelques mois, je lui renvoie les dix-sept semi-remorques avec les deux gaines réunies. Il est tellement satisfait de notre collaboration qu'il abandonne ses machines à gainer. Depuis 1992 et jusqu'à aujourd'hui, nous produisons des millions de mètres de ces gaines utilisées principalement dans le bâtiment. Cela nous permet de conserver à Anteuil une activité industrielle rentable proche des bureaux d'étude d'extrusion et de maintenir des emplois. D'un pépin nous avons fait une pépite grâce à notre réactivité. Mais nous n'avons pas tenté de développer ce marché à l'international car nous avions déjà suffisamment à faire avec nos protections des faisceaux électriques automobiles. J'ai toujours eu la conviction qu'un chef d'entreprise a la capacité de faire des choses extraordinaires avec une équipe motivée.

—— Premiers pas hors de France ——

En 1984 Peugeot, très clairvoyant, va mettre au point une politique industrielle assez exceptionnelle : se spécialiser dans son « core business », c'est-à-dire le design des voitures, la technologie d'assemblage, les systèmes de propulsion, la politique de vente. Mais fabriquer des pièces comme les faisceaux électriques de la voiture ne les concerne plus. Ils vont les confier à des spécialistes qui se développent, dans un premier temps, à proximité des constructeurs.

Peugeot a compris aussi que le tissu industriel de la région de Montbéliard s'est construit sur plusieurs générations avec des entreprises qui ont presque toutes travaillé pour leur usine de Sochaux. Ces entreprises s'étant embourgeoisées et le monde évoluant rapidement, Peugeot pense que son réseau de fournisseurs doit changer radicalement. Cette mutation est amorcée par Monsieur Deranlot qui nous envoie un des ses cadres, Henri Mangin, dont le discours est simple : « le monde va bouger d'une façon fondamentale, nous allons avoir besoin d'équipementiers qui deviennent des spécialistes, capables de travailler aussi bien avec Peugeot qu'avec Renault puis avec des constructeurs allemands, avant de se fixer comme objectif de devenir des leaders en Europe ». Après ce premier meeting, je me suis posé la question de savoir dans quel domaine nous pourrions nous spécialiser. Produire des sacs en plastique ne nous fera pas devenir leader. Par contre nous avons une petite unité de fabrication de tubes en PVC pour les câblages et quelques machines à tubes annelés. L'idée a germé puis j'ai décidé de me spécialiser dans tout ce qui est protection de câblages. Ce ne fut pas le fruit de longues réflexions au milieu des feuilles mortes en forêt. J'en ai été instinctivement convaincu sans vraiment savoir pourquoi. Fort du soutien d'Henri Mangin, nous nous sommes positionnés sur la protection de faisceaux électriques automobiles. Monsieur Mangin est mort depuis mais Monsieur Deranlot est toujours vivant. Ces deux hommes ont laissé leur irréversible empreinte sur mon parcours industriel.

Les constructeurs automobiles exigent alors de leurs fournisseurs une baisse drastique de leur prix. Conscients que la main-d'œuvre est ce qui coûte le plus cher dans la fabrication des faisceaux électriques, les fabricants doivent migrer vers le sud, là où la main-d'œuvre est à moindre coût. Le premier pays à recevoir ces entreprises est l'Espagne où 70 % des faisceaux électriques pour l'Europe du Nord sont fabriqués. L'une des plus importantes est alors MAI qui devient United Technologies Automotive (UTA) puis Lear Corporation. L'autre est l'américain Delphi, dans la région de Saragosse. J'hésite puis me décide à m'installer en Espagne en 1992. C'est notre premier pas à l'international. Nous commençons à travailler avec Yazaki Monel, Delphi, Lear Corporation et Labinal qui devient Sylea. Dans la petite ville de Fraga, je loue un local de 350 m² dans lequel j'installe notre première extrudeuse et un centre de stockage.

La croissance est telle que notre local devient trop exigu. Les patrons des achats de Delphi, Javier Romero et Inaki Gonzales, me poussent à abandonner Fraga pour une usine à Agreda, au milieu du dispositif des câbleurs espagnols. Le bâtiment est beau, bien qu'à l'abandon. Mais les habitants refusent qu'une entreprise française s'y installe. Afin de racheter eux-mêmes le bâtiment vendu aux enchères, ils font une proposition à deux millions de pesetas alors que la nôtre est à trente-six millions de pesetas, prix que nous estimons juste pour une telle usine. Déjà dépités de nous voir prendre possession des lieux, au moment où je propose la date du 3 mai 1994 pour la signature, je vois la salle s'électriser. Mon avocat me glisse à l'oreille que je viens de faire une gaffe terrible, c'est la date anniversaire des massacres perpétrés par les troupes napoléoniennes à Madrid. Cette mésaventure m'a fait prendre conscience du poids de l'Histoire dans notre rapport aux autres. De retour à Anteuil, nous organisons un commando avec les artisans de la région, Cassard, Gomez, Grosperrin, Girardet et notre fils David, alors âgé de seize ans, qui partent en bus et en camion pour aller rénover le bâtiment d'Agreda. L'usine ne va cesser de monter en cadence jusqu'aux années 2000. Puis les câbleurs quittent l'Espagne devenue trop chère. L'activité décline. Nous revendrons les bâtiments en 2006.

—— Un positionnement radical ——

En 1985, nos effectifs ont fortement augmenté. Mais nous n'avions toujours pas les moyens d'avoir de femmes de ménage pour l'usine. C'est ma mère et Françoise qui le samedi s'attellent à cette tâche alors que mon père s'occupe des espaces verts, fauche l'herbe, taille les arbres et ce jusqu'en 1994. Notre personnel n'est pas extrêmement spécialisé mais sérieux. De son côté, Peugeot non seulement n'embauche plus mais commence à baisser ses effectifs, ce qui amène chez nous ceux qui cherchent un emploi. Nous sommes une poignée dans l'entreprise à nous dire qu'en plus d'être devenu spécialiste, notre objectif est d'être leader européen dans dix ans, tout en n'ayant aucune idée de ce que cela signifie. Mais on finit par s'en convaincre. Et nous serons effectivement leader en 1995.

Nous allons peu à peu abandonner la fabrication de pièces d'amortisseur de voiture, la soudure à haute fréquence, la fabrication de sacs en plastique, activité revendue en 1992. Quand vont partir les machines je vois dans les yeux de mon père que c'est de nouveau une page qui se tourne. Pour lui comme pour moi, c'est un saut dans l'inconnu. Nous avons choisi de conserver la plus petite de nos activités et c'est elle qui va nous amener au leadership.

En 1985, les Japonais vont perturber toute l'organisation industrielle de l'Occident. Des voyages initiatiques sont organisés pour aller rencontrer ces industriels tellement en avance sur nous. Je pars avec un groupe de chefs d'entreprise de la région pour quinze jours au Japon. Pour moi qui ne suis jamais sorti d'Europe, je découvre un monde qui m'émerveille. Et j'apprends comment les Japonais gèrent leurs industries avec pragmatisme, une multitude de petites machines avec des vitesses de production raisonnables. Ils sont préoccupés de réduire au maximum non le temps d'usinage mais le temps de production. Ils ont compris que pour gagner de l'argent, c'est la réduction des délais sur toute la chaîne qui est importante, et non seulement sur la vitesse de fabrication/ Pour moi, c'est une véritable révélation. Je suis aussi saisi par tous ces hommes qui portent sur leur chemise le nom de leur société, sans distinction hiérarchique visible. Le personnel est hyper motivé avec un incroyable souci du détail. Les tâches sont claires, les usines sont propres. Autre point important : toutes les entreprises où nous sommes accueillis, affichent le drapeau français. Je suis rentré à Anteuil en appliquant rigoureusement ce que j'ai vu et appris là-bas. Depuis 1985, il n'est pas un seul visiteur qui soit venu chez nous sans avoir demandé à être photographié sous le drapeau de son pays. C'est une marque de reconnaissance fantastique. Le choc de ce voyage va me marquer tout au long de ma vie d'entrepreneur.

Nos activités sont croissantes en Espagne. À eux deux, l'Espagne et le Portugal rassemblent le plus grand nombre de câbleurs qu'ait eu l'Europe. Les présidents Salazar pour le Portugal et Franco pour l'Espagne ont imposé le français comme deuxième langue. 95 % de mes interlocuteurs le parlent. Ce qui me facilite les choses. Je vais donc régulièrement faire le trajet en voiture, descendre jusqu'à Perpignan, passer la frontière, voir mes clients en Catalogne pour partir vers Saragosse, passer à Pampelune, Madrid, Salamanque puis le Portugal. En une semaine j'enchaîne une douzaine de rendez-vous. Environ 6000 km. Un voyage que je fais régulièrement pendant environ quatre ans, de 1992 à 1995.

À Pampelune, les Allemands ont une importante usine Volkswagen avec pour fournisseur Delphi. Javier Romero me fait alors remarquer que c'est notre manque de compétitivité qui nous prive de ce marché au profit de Delphi. Je tombe des nues. Pour me le prouver, il sort un papier à en-tête de mon entreprise avec la liste des prix. Ce ne sont en rien mes tarifs. En une fraction de seconde je comprends. J'avais sollicité un Allemand qui avait une affaire dans la région de Wuppertal et connaissait bien le domaine du câblage pour qu'il me représente auprès des constructeurs allemands. D'Espagne, le temps de remonter à Anteuil, de me changer et je repars directement à Wuppertal pour dire son fait à cet Allemand. Il augmentait de 30 % mes prix car il était en train d'acheter des machines pour se lancer lui-même dans la fabrication de gaines annelées et s'approprier le marché Volkswagen.

Après l'Espagne, nous migrons vers le Portugal où la main-d'œuvre est encore moins chère. Et enfin vers l'Afrique du Nord. Puis, après la chute du Mur de Berlin, c'est l'ouverture vers les pays de l'Est, Roumanie, Slovaquie, Bulgarie, Pologne et Ukraine. Nous allons devoir suivre le mouvement.

Nos activités restent aussi très fortes sur Anteuil. Mais nos espaces dédiés à la logistique ne sont pas suffisants pour être efficaces. En 1990, le maire de Clerval, ancien médecin qui m'avait soigné lors de ma tuberculose, me demande de venir voir un bâtiment de son village. C'est en fait l'ancienne fonderie où mon oncle et mon père avaient travaillé et que les Moustier avaient plus tard revendu à un groupe belge. Cette entreprise menaçant de partir à cause de la vétusté des lieux, ce qui aurait conduit cent soixante habitants de

Clerval au chômage, le maire lui offre un terrain pour construire une nouvelle usine et rachète l'ancienne fonderie à sa valeur nette comptable, c'est-à-dire quatre millions et demi de francs. Ne sachant pas quoi faire de ce vieux bâtiment qui lui reste sur les bras, il me le propose et j'accepte de l'acquérir pour la somme de cinq cent mille francs, prix qui ne convient pas aux élus. Mon idée est de le transformer en centre de logistique dont j'ai besoin. Nous finissons par trouver un accord à un million de francs et j'investis neuf millions dans la rénovation puis je le revends dix millions en leaseback à Batifranc. Au moment de cette opération, l'opposition au maire de Clerval est persuadée qu'il y a malversation et versement de pot-de-vin au maire. La Cour des Comptes débarque un beau matin. Les deux hommes m'intiment l'ordre de m'expliquer sur cette vente à dix millions alors que j'ai acheté le bâtiment un million. J'ouvre le dossier pour leur montrer d'abord une subvention de cinq cent mille francs du Département et une autre d'un million cinq cent mille de la Région pour créer des emplois. Puis je sors toutes les factures des travaux. Ils sont repartis avec les photocopies du dossier et je n'en ai plus jamais entendu parler. Mais la campagne de dénigrement a été d'une extrême violence. Ma mère en a été la plus meurtrie. Pour elle, cette histoire réactiva les calomnies contre nous et la période où nous étions toujours des « boches » aux yeux du village.

Gérald et David vont vivre dans ces bâtiments deux moments très forts. Sur le chemin qui ceinture l'usine, ils vont apprendre à conduire ma voiture le dimanche après-midi pendant que je réfléchis à l'aménagement des locaux. Ils vont également rénover une coccinelle Volkswagen et construire un kart tout terrain. Je suis heureux de les voir se passionner pour la mécanique et l'automobile.

Dix ans plus tard, je revends ce bâtiment à mon cousin Roland qui a besoin d'espace pour développer son entreprise. Cette histoire qui se passe juste avant l'affaire Agreda en Espagne, montre combien la population locale peut être néfaste dans certaines circonstances et capable de mettre à terre des entreprises et du même coup des emplois.

En 1992, alors que nos affaires prospèrent rapidement, je reçois un courrier du préfet m'annonçant que je suis élevé au rang de Chevalier dans l'Ordre du Mérite. Je suis surpris et sur le coup fier et ému. Mais mon entourage va bien vite me faire redescendre vers une réalité que je n'avais pas entrevue en me demandant qui j'ai payé pour obtenir cette décoration. Il était trop tard alors pour la refuser. Le jour de la cérémonie de remise de la décoration, je fais pour la première fois de mon existence un discours sans papier pour remémorer l'histoire de la famille. Ce qui me demande beaucoup d'énergie. Mais c'est un virage pour moi. J'ai quarante ans et je suis définitivement débarrassé de ma timidité. Le préfet s'adresse à moi pour me féliciter. Mon père filme tout dans les moindres détails mais au moment crucial où je prends la parole, il n'a plus de pile. Je n'ai donc pas de trace de ce fameux discours. Vingt ans plus tard, un même courrier venant de la préfecture m'annonce ma nomination au rang de Chevalier de la Légion d'Honneur. Cela réveille en moi des souvenirs désagréables. Je déjeune avec le préfet afin de le remercier de son attention et lui explique que je ne peux accepter cette distinction.

Voyage à Pampelune

En mars 2014, à Pameplune en Espagne, Javier Sebastian, en poste chez l'équipementier américain Delphi depuis 1990, m'a raconté la manière dont Bernard Streit est parvenu à s'imposer sur les gaines de protection aux prémices alors d'un marché qui restait encore incertain.

« Ma relation avec Bernard Streit et Sofanou puis Delfingen a commencé il y a bien longtemps. Mais elle s'est approfondie au début des années 2000 quand je suis devenu responsable chez Delphi des achats de protection des faisceaux électriques automobiles.

Lors de nos premières rencontres, j'ai senti en Delfingen une entreprise très " agressive " et très en avance sur son temps. Bernard Streit s'était déjà spécialisé dans les gaines sans aucune certitude sur l'avenir de ce marché. Quand nous avons fait les appels d'offres, il a été le premier à réagir. C'était pourtant une toute petite entreprise mais déjà avec un focus sur les clients. À cette époque Delphi avait un besoin urgent de fournisseurs qui puissent être très proches de l'entreprise afin de réduire les coûts de transport. Cela nécessitait donc de la part des fournisseurs d'être capables de s'investir en Espagne à côté de nous. Le seul à l'avoir fait fut Bernard Streit. Il a senti qu'il y avait là une opportunité de se développer sur le marché européen. Il n'a pas hésité à s'implanter à Fraga puis à Agreda pour répondre au marché alors bien établi en Espagne. Son installation à Agreda n'a pas été simple. Il s'est heurté au refus de la population locale. Les politiques ont fini par comprendre l'importance de l'installation d'une telle entreprise chez eux. Et tout a fini par s'arranger.

Delphi en Turquie a exigé de même que Delfingen vienne s'implanter à côté de leur usine. Bernard Streit s'y est installé en 1995 non seulement parce que Delphi le voulait mais aussi parce qu'il avait une vision claire de la demande croissante des câbleurs et des constructeurs automobiles. Il savait parfaitement que pour se développer, il devait suivre ses clients. À présent il est notre fournisseur mondial au Mexique, au Brésil, au Maroc. Et en Chine, car il a compris qu'il devait être en Asie. Si le marché explose en Russie, il sera en Russie.

Dans les années 2000, Delfingen a été mon second plus important fournisseur, après notre fournisseur de ruban adhésif. Nous avons toujours entretenus des relations cordiales même au sein de discussions commerciales virulentes. Bernard est un vrai businessman et en ce sens je l'admire énormément. Il m'a montré que l'on pouvait ne pas être d'accord en affaires mais le dire sans se fâcher, sans s'insulter. Du point de vue professionnel, notre relation avec Bernard Streit et Delfingen, les deux ne faisant qu'un, était idéale. Elle reflétait ce que devrait toujours être une relation entre un client et son fournisseur, basée sur la confiance et le respect. Nous scellions nos accords et commandes avec une poignée de mains. Pour moi, c'était suffisant. Bernard est un homme d'honneur. S'il est ainsi dans la vie professionnelle, c'est qu'il doit être encore plus exceptionnel dans la vie privée. Je suis plus jeune que lui et j'ai beaucoup appris de lui. Il m'a montré que l'on pouvait faire des affaires différemment de ce que font la plupart des grands groupes.

Quand je l'ai connu son entreprise était minuscule. Quand je regarde ce qu'il en a fait, ce travail n'est le fait que d'un vrai leader. Bernard est un très grand patron. Il est intéressant de voir à quel point il a perpétué la culture du miel de son père et de son grand-père et combien il est heureux de l'offrir à ses clients. Les grands patrons de Delphi ont toujours été surpris de se voir offrir un petit pot de miel d'Anteuil.

Delphi remet chaque année à ses fournisseurs des récompenses basées sur des exigences précises. Bernard a beaucoup œuvré pour répondre à toutes les exigences imposées par Delphi et il a enfin reçu le prix le plus important, le prix d'Excellence, « Pinnacle Award », en septembre 2013 au cours d'une grande cérémonie à Francfort. Il tenait absolument à être reconnu comme le meilleur fournisseur de Delphi et il y est parvenu.

Que Delfingen poursuive sa route après le départ de Bernard est une certitude. Il a mis tout en œuvre pour assurer la pérennité de son entreprise. Il a su bien former ceux qui lui succèderont, son fils en particulier. La base est là. Mais la personnalité de Bernard est si imposante, si exceptionnelle, que personne ne pourra le remplacer.

Pour être leader d'une entreprise, il faut être un homme différent des autres. Bernard Streit est largement au-dessus des autres patrons. C'est un être rare. Je serai toujours proche de lui, même lorsque nous n'aurons plus de relations professionnelles. »

VII

Tempête sur un océan de brumes

Le froid de la lame

Dans les années 86/87, se présente à mon bureau un homme à l'allure élégante Monsieur X. Il est à la recherche d'une activité et souhaiterait avoir un statut de travailleur indépendant pour le compte d'une entreprise. Son profil me séduit et j'accepte sa collaboration. Très vite, il nous prouve par son relationnel qu'il peut nous faire progresser à une vitesse fantastique. Dans cette épopée qu'est notre implantation en Espagne, puis au Portugal, il montre une efficacité remarquable. J'apprends beaucoup en voyageant avec lui. Même si parfois je suis surpris par ses façons pas toujours très correctes de procéder, je n'ai aucune inquiétude. L'homme a un grand savoir, écrit très bien et surtout il a une redoutable expérience. Sa capacité à développer le business dans la protection des faisceaux électriques grâce à sa relation avec Renault et Peugeot va être fabuleuse pour l'entreprise. Je lui fais une totale confiance. Pour moi comme pour l'entreprise, c'est un véritable tremplin.

En janvier 1993, une délégation de Peugeot vient nous voir, des personnes que je connais bien. Une fois installées dans mon bureau, leur première question me surprend : « Êtes-vous sûr à 100 % de votre collaborateur ? ». Je réponds oui sans détours. Mon interlocuteur poursuit : « Ce monsieur est en train de vous doubler d'une manière que nous ne pouvons pas accepter chez Peugeot ». Il était sur le point de s'associer à un fabricant français de pièces injectées et à des Espagnols qui étaient nos concurrents directs dans le but de monter sa propre affaire. Connaissant les clients et les prix, il avait devant lui une voie royale. Je suis totalement assommé. Françoise, qui a toujours eu un feeling exceptionnel, m'avait maintes fois prévenu que cet homme ne lui semblait pas fiable. Elle ne le supportait pas et ne comprenait pas que je travaille avec lui.

Je tente par tous les moyens de le joindre mais il fait le mort. Je réunis toute l'entreprise pour expliquer la situation. Un de nos jeunes collaborateurs vient me raconter qu'il a eu une relation plus qu'amicale avec la fille du patron des achats d'un de nos clients espagnols, venue faire un stage à Anteuil. Elle l'avait invité chez ses parents à Madrid. Il me dit avoir vu un jour chez ce madrilène débarquer Monsieur X qui ne s'attendait évidemment pas à tomber sur un employé de Delfingen. Mais, poursuit ce jeune homme, « je pensais que c'était vous qui l'aviez envoyé pour traiter une affaire ». Je lui demande s'il peut obtenir une attestation de l'Espagnol et dès le lendemain je lui prête une voiture pour qu'il se rende à Madrid pour l'obtenir, mais l'Espagnol refuse. Monsieur X tente alors de monter une cabale dans l'entreprise en clamant que je veux le licencier.

Je contacte la Pramex, filiale de la Banque Populaire en charge des fusions acquisitions, pour connaître les propriétaires de l'entreprise Plastico Simo à Barcelone avec qui Monsieur X est en train de faire un deal. Ce sont deux Cubains âgés, l'un vit à Barcelone, l'autre à Cuba. La Pramex en approche un, le majoritaire. Pendant ce temps-là, je fais un tour d'Europe en voiture pour avertir tous nos clients de l'entourloupe. 90 % me soutiennent. Ils se demandaient combien de temps j'allais mettre à m'apercevoir de cette duplicité. Ma décision est prise d'acheter Plastico Simo aux Cubains afin de mettre un terme à cette cabale.

Pendant cette période, je vais vivre des moments particulièrement durs. Monsieur X a activé ses réseaux et durant des semaines je suis harcelé la nuit dans chaque hôtel où je suis. Au téléphone, on me profère des menaces de mort. Pourtant, quand je le croise, il jure ses grands dieux qu'il n'est pour rien dans tous les trafics mis en place. Je pense qu'il ne devait plus accepter de m'avoir aidé à développer de façon vertigineuse l'entreprise et de n'en être que le salarié. Pour être systématiquement harcelé dans chaque ville où je me déplace, je pense aussitôt qu'il y a chez nous quelqu'un qui le renseigne. Je fais appel à des détectives privés de Dijon qui viennent un samedi pour vérifier que nous ne sommes pas sur écoute téléphonique. Ils ne trouvent rien. Ils placent partout des caméras dans l'entreprise. Pendant ce temps, je poursuis mes voyages. Mon père me fait alors cette remarque « Ah ! Il est en train de t'apprendre à vivre » ! J'aurais quand même préféré que cela soit moins violent.

—— La contre-attaque ——

Après être tombés d'accord sur le prix d'achat de l'entreprise, les Cubains acceptent de nous faire rencontrer l'équipe de direction de leur société. L'un des directeurs me demande aussitôt si quelqu'un sait que je suis là. Je réponds que non. Et il poursuit en m'annonçant que ce sont W, Y et Z qui donnent tous les renseignements à Monsieur X. Je reprends ma voiture et fonce à Anteuil. À l'époque je faisais le trajet de 900 km en six heures avec un arrêt de cinq minutes pour faire le plein ! Sur ces trois personnes, l'une est à Anteuil et les autres en Espagne. Je la convoque pour sa mise à pied. Elle jure que ce n'est pas elle. J'apprends plus tard qu'elle avait un jour demandé à Monsieur X un service pour son gendre. C'est ainsi qu'il la tenait. Dans la foulée je signe l'achat de Plastico Simo en juillet 1994.

Gérald a alors dix-huit ans. Il est passionné de mécanique et d'automobile. Il a jusque-là fait un parcours scolaire de très bon niveau. C'est aussi le moment crucial de son orientation professionnelle. Je suis persuadé qu'il va s'inscrire dans une école d'ingénieur et je rêve déjà de le voir à mes côtés. Cela me donne de la force dans cette tourmente. Quand arrive la période de concours pour l'entrée en école d'ingénieur, Gérald ne dit rien. Inquiet, je le rejoins dans sa chambre un après-midi, bien décidé à éclaircir ce sujet. Il m'informe qu'il veut faire médecine. J'en tombe assis sur le lit et m'écrie « Mais nom de Dieu ! Mais ce n'est pas un métier ! » Il fera un parcours sans faute dans cette voie devenant médecin spécialiste puis chef de clinique au CHU de Besançon avant d'ouvrir un cabinet de rhumatologie où il fut très apprécié de ses patients. Pour moi, c'est un coup dur. Cette blessure mettra des années à cicatriser. Je vivais déjà à mille à l'heure et pour oublier, je vais encore accélérer. Avec le recul je comprends qu'il avait besoin de prendre ses distances et de développer son caractère loin de l'ombre de son père. Aujourd'hui, je l'admire pour sa ténacité et la force de caractère dont il a fait preuve pour imposer son choix contre mes espérances.

Un de nos concurrents au Portugal, Felicio, monte alors très fort en pratiquant des prix 30 % au-dessous des nôtres. Il fallait impérativement que je le rachète au plus vite pour ne pas perdre le marché. Un ami portugais, Adelino Carvalho, à qui en 1983 j'ai acheté mes premières machines, me propose d'approcher lui-même le patron de cette usine.

Industriel au parcours exceptionnel, Adelino Carvalho va prendre de plein fouet la concurrence européenne lorsque le Portugal intègre l'Europe. Pour lui, c'est une terrible descente aux enfers pendant laquelle son fils se tue en voiture. On va tout lui prendre. Lorsque je le retrouve, quelques temps plus tard, il roule dans une petite Fiat Panda. C'est un homme qui semble brisé. Mais il a dans son portefeuille la photo de son petit-fils. Je lui demande ce qu'il a l'intention de faire, il répond: « Ils m'ont tout pris sauf mon carnet d'adresses. Alors je vais recommencer ». Il avait plus de cinquante ans. Quand je lui propose de m'aider à racheter Felicio, il précise: « J'accepte d'être payé parce que je suis au fond du trou. En d'autres circonstances, j'aurais accepté pour le plaisir de vous rendre service ». Je lui dis alors que j'admire sa philosophie. Il me répond: « La philosophie sert à supporter le malheur des autres ». Il a effectivement remonté une autre grande entreprise. Le courage et la droiture de cet homme restent pour moi un exemple.

Il me présente donc le patron de Felicio, un homme particulièrement élégant, les cheveux gominés et qui ne semble plus trop concerné par son entreprise. J'apprends aussi qu'il a quelques soucis personnels. C'est donc le bon moment pour tenter l'acquisition. Après de longues négociations et grâce à l'efficacité de mon ami Carvalho, il accepte ma proposition de rachat et nous signons le 12 septembre 1994. Au moment où je signe l'achat, Monsieur Felicio me fait cette remarque : « Pour moi la vie commence, pour vous les ennuis continuent ». Trois ans plus tard, je revois un homme défait, en plein désarroi. Il a pris conscience que pour un chef d'entreprise vendre ce qu'il a passé sa vie à créer est une vraie déchirure.

La même année, à quelques mois d'intervalle, j'achète donc Plastico Simo en Espagne et Felicio au Portugal.

—— L'entrée en Bourse ——

Pendant la période de négociation pour l'achat de ces deux entreprises, je mène en parallèle les discussions pour le départ de Monsieur X dans des conditions acceptables pour tous. Ce qu'il accepte. Ma colère commence à retomber. Je n'entends plus parler de lui.

En 1996, je suis élu « Entrepreneur de l'Année » Le Prix de l'Entrepreneur de l'Année est la plus prestigieuse des récompenses décernées aux entrepreneurs dans le monde. Créé en 1986 par Ersnt & Young aux États-Unis, le programme s'étend aujourd'hui à plus de 140 villes dans plus de 58 pays et récompense plus de 900 lauréats exceptionnels chaque année. Ce fut pour moi une grande fierté, la reconnaissance après des années de batailles et de difficultés. La cérémonie a lieu au Pavillon Gabriel avec le ministre des PME, Jean-Pierre Raffarin qui plus tard sera nommé Premier Ministre. À la remise du trophée, le Ministre me demande quels sont les secrets de ma réussite. Je lui réponds : « J'ai eu la chance d'avoir des parents très modestes qui m'ont toujours dit : "Bernard ne te moque pas des riches. Tu ne sais pas comment tu finiras". Et je me suis acheté une petite casquette que j'ai posée sur ma table de nuit. Je l'essaie tous les soirs pour voir si elle me va toujours ». Ce qui déclencha le fou-rire du Ministre. Au cours du déjeuner qui suivi, étaient conviés un grand nombre de hauts-fonctionnaires. Aucun ne m'adressa la parole. J'en suis resté sidéré. Mais cette nomination fut un formidable tremplin pour notre entrée en Bourse l'année suivante.

Pour pouvoir grandir et nous développer rapidement, nous avons été obligés d'utiliser presque tout notre cash. Une entreprise grandit à la vitesse où elle gagne de l'argent. Ou bien l'autre solution est d'augmenter le capital. Deux options s'offrent à nous. Faire rentrer une banque d'investissement ou rentrer en bourse. Une étude est demandée à une banque qui est venue faire une expertise approfondie pour estimer la valeur de l'entreprise.

Parallèlement, je me mets en relation avec Louis Thannberger, le spécialiste de l'introduction en bourse de toutes les PME françaises. L'audit de la banque évalue l'entreprise à soixante millions de francs. Louis Thannberger l'estime à trois cent cinquante millions. Je décide donc de rentrer en bourse en vendant 10 % de mes actions, au préalable d'une augmentation de capital quelques mois plus tard. J'ai bossé comme un fou depuis plus de vingt ans et non seulement je n'ai pas un sou mais je n'ai que des dettes. Avec cet argent, je vais pouvoir continuer à faire l'acrobate au-dessus d'un fil mais cette fois avec un filet, tout en assurant à ma famille et mes enfants qui sont encore jeunes un capital au cas où je viendrais à disparaître. Le plus déroutant a été d'être obligé de payer 20 % d'impôts sur la plus-value calculée sur la valeur de la société à son origine, c'est-à-dire une estimation alors proche de zéro !

Nous avons fait notre introduction en bourse avec toutes les démarches que cela impose. Je me suis transformé en bête de foire pour des réunions de prestige au Pavillon Gabriel à Paris afin de solliciter des actionnaires, vendre mon histoire au ban et à l'arrière-ban de la finance. « Je vais vous présenter un industriel, un cogneur, un frappeur ! » criait Louis Thannberger. Je montais sur scène pour tenter de convaincre et j'expliquais que nous étions parvenus à être les champions d'Europe dans la protection des faisceaux électriques automobiles et que mon objectif dans cette levée de fonds était de devenir leader dans la protection des systèmes électriques de tous les moyens de transport. Cette formidable introduction en bourse m'a beaucoup coûté de temps et d'énergie.

Toujours dans le but de solliciter des actionnaires, sous un chapiteau que nous avons installé à Anteuil, nous recevons deux cent cinquante personnes. Monsieur X en profite pour se manifester et menacer de venir perturber la réunion. Nous avions posté des gens armés de manches de pioche au cas où il se manifesterait. C'était une intimidation. Il ne s'est bien sûr jamais présenté.

—— Un mentor à l'horizon ——

Un samedi matin de 1995, je reçois une lettre en recommandé du tribunal pour une mise en examen. J'en ai le souffle coupé.

Pour sa défense, Monsieur X a prétendu par courrier au procureur que j'avais monté de toute pièce l'histoire au moyen de faux témoignages acquis en Espagne sous la menace pour obtenir son licenciement et celui des trois personnes qui le renseignaient. En effet, les deux dirigeants de Plastico Simo qui m'avaient donné dès notre première rencontre les noms de ceux qui renseignaient Monsieur X, ont témoigné par un document écrit en espagnol afin de justifier devant les prudhommes le licenciement de ces salariés.

Le lundi matin, après un week-end épouvantable, je joins mon avocat qui me confirme ma mise en examen. Je vais vivre dix-huit mois d'enfer qui finissent en non-lieu. Mais Monsieur X va réattaquer, déterminé à me faire tomber.

J'ai eu du mal à supporter cette mise en examen. Rongé par le sentiment d'injustice, j'étais en plus épuisé par les rachats que j'avais faits et les milliers de kilomètres en voiture. J'étais à bout de force, prêt par moment à en finir. C'est bien plus tard que j'ai compris combien mon ego avait été la cause de mon malheur.

Le juge va me faire patienter des mois avant de me recevoir, demandant en permanence où je me trouve. Arrive enfin le jour de la convocation.

Tous ces problèmes font resurgir ma hernie inguinale pour laquelle j'avais déjà été opéré. Je dois me faire réopérer mais avec une anesthésie en péridurale. Péridurale qui se passera très mal. J'ai juste le temps de crier que je suis en train d'étouffer. On me met aussitôt un masque pour une anesthésie générale. Onze heures après l'opération je ne sens toujours pas mes jambes et constate l'inquiétude grandissante du personnel hospitalier. Je finis par rentrer chez moi. Le chirurgien me recommande de marcher dix minutes toutes les heures. Je m'y astreins le week-end mais dans la semaine qui suit je repars en déplacement. Peu après le départ, un mal de tête tellement violent me saisit que je m'arrête à la clinique de Besançon où le médecin qui m'a opéré me prend en charge immédiatement avec des perfusions.

Pour calmer la douleur, on me fait une injection de caféine, malgré mon refus connaissant l'impact du café sur mon organisme. Je suis devenu comme fou. Le lendemain, après maintes insistances de ma part, un anesthésiste finit par venir me voir et m'explique alors que le liquide anesthésiant avait atteint la moelle épinière mais que tout allait rentrer dans l'ordre. Il me conseille après m'avoir écouté de rencontrer un bon neurologue. Ce que je fais. Mais ce médecin, ne trouvant rien, m'envoie chez un psychiatre, le docteur Michel de Massougnes. Cela se passe au moment où je reçois ma convocation chez le juge. Massougnes, spécialisé dans la préparation mentale des athlètes, me prépare à ma confrontation avec le juge d'instruction qui est violente car tout est fait pour me déstabiliser. Mon état d'extra lucidité à ce moment-là, sans que j'en connaisse la raison, est pourtant ce qui m'impressionne le plus. Je réponds avec précision au flot de questions. J'attends encore plusieurs mois avant d'avoir le verdict de non-lieu. Si je n'avais pas eu cette formidable préparation avec Massougnes, jamais je n'aurais été en état d'aborder le match avec le juge ni en position de le gagner. À la suite de ces événements, un lien très particulier va naître avec Michel de Massougnes.

Dans la même période, j'apprends que Monsieur X est en contact avec la société Acome. Cette entreprise fabrique à la fois des fils techniques pour les câbleurs du monde entier et des gaines annelées pour la protection des tubes lisses servant à la distribution d'eau chaude et d'eau froide dans le bâtiment. Elle a donc entre les mains tout le savoir-faire industriel et les relations commerciales permettant de devenir un compétiteur redoutable pour Delfingen. Monsieur X, avec cette fois pour seul objectif de nous mettre à terre, les exhorte à se positionner sur notre marché en leur fournissant des informations stratégiques. Je prends aussitôt rendez-vous avec le directeur commercial de la partie automobile de cette entreprise, Monsieur B. Arrivé en avance, je repère le restaurant et, en attendant l'heure du rendez-vous, je rentre dans l'église qui se trouve juste en face. Monsieur B, sur le point de pousser la porte du restaurant, me voit ressortir de l'église. À la fin du déjeuner, après lui avoir expliqué qu'il a toutes les cartes en main pour me faire sombrer, il conclut en m'affirmant que l'affaire sera réglée dès le lendemain. Pour lui, il est hors de question de s'approprier un marché de façon aussi malhonnête. Effectivement, cette entreprise ne s'est jamais lancée sur le marché de la protection des faisceaux électriques automobiles. J'ai appris beaucoup plus tard que Monsieur B était un fervent catholique qui porte ses valeurs en toutes circonstances. Par la suite, nous avons entretenu une relation amicale. Le monde du business se compose de moult facettes qu'on n'enseigne pas dans une école de commerce.

—— Un cauchemar sans fin ——

Quelques mois plus tard, Monsieur X réattaque. Nouvelle mise en examen. À quelques jours du jugement, un soir tard, je retrouve mon avocat à Besançon qui m'explique que son confrère, Maître Dupont, a fait appel du non-lieu. Il poursuit en me disant qu'il vient de recevoir une lettre d'invitation à son cocktail de départ à la retraite. « J'ai demandé, me dit-il, à ce que l'on contrôle la date effective de sa mise à la retraite. Il y était déjà depuis huit jours au moment où il a porté l'appel devant la cour. Cet appel est donc caduc ! » Je me suis insurgé. Je m'obstinais à vouloir aller devant la cour pour revendiquer mon innocence. Mon avocat m'a calmé. Il valait mieux que tout s'arrête à cause d'un vice de forme plutôt que d'aller encore dépenser de l'énergie devant un juge. J'ai eu du mal à l'accepter. J'ai alors compris que dans la justice la forme domine largement le fond.

Mais l'histoire ne s'arrête pas là. Ayant épuisé ses recours en France, Monsieur X va inciter les ouvriers de l'usine espagnole à se rebeller. Je vais passer des jours et des jours à me battre contre les revendications des syndicats. Cela s'envenime à tel point que je finis par jeter l'éponge et un an après l'avoir achetée, je trouve à revendre l'entreprise à un Espagnol qui vit en France. Quand on revend une entreprise en difficulté, le prix de vente est très bas et inclut le passif social. Quelques mois après en avoir pris possession, mon acheteur la déclare en faillite. Le tribunal espagnol en conclut que j'ai trouvé un homme de paille pour liquider l'entreprise et nous condamne, le repreneur et moi-même, à payer solidairement le passif social qui atteint treize millions de francs. L'Espagnol se défile. Il a un passeport français et décide de ne plus mettre les pieds en Espagne. De mon côté, j'ai une avocate française qui est inscrite aux barreaux de Barcelone et de Paris. Elle perd procès sur procès dans une ambiance électrique. Pour que je n'assiste pas aux audiences, les ouvriers espagnols ont porté plainte contre moi au pénal pour abus de biens sociaux, ce qui me fait risquer une garde à vue à chaque voyage en Espagne. Nous sommes enlisés dans une situation ubuesque. Je décide malgré tout de venir assister à toutes les audiences. Je descends chaque fois en voiture à Barcelone avec un collègue. Lors d'une des convocations, l'attroupement inquiétant devant le tribunal m'amène à glisser dans mon sac une matraque en plastique. Je n'avais pas pensé au portique de contrôle et à la vérification des sacs. Mais comme la matraque est noire, les policiers ne la remarquent pas au fond de ma sacoche. Je suis trempé de sueur. Mais j'ai pu rentrer. L'ambiance est ultra tendue avec les syndicats et les avocats. On m'attribue une traductrice, une dame de soixante-dix ans tellement terrorisée que je ne comprends rien de ses traductions. Je suis sans cesse obligé de lui faire répéter, si bien que la juge, une femme d'environ trente-cinq ans, l'expulse. Je me retrouve sans traducteur. Je demande à pouvoir m'exprimer en anglais. Refusé. Je me tourne vers mon avocat. Tollé général car on n'a pas le droit de parler à son avocat. Ce fut un simulacre de jugement, comme à la belle époque franquiste. On m'a apporté une pile énorme de papiers pour me faire attester que je les avais bien signés. J'admets que c'est bien ma signature mais comme tous les textes sont en espagnol, j'ignore ce que j'ai signé. J'ai donc perdu la majorité de mes procès.

Entre temps, Georges François, ancien président du groupe Sylea, un des plus gros fabricants européens de faisceaux électriques automobiles, administrateur chez Delfingen, me présente un de ses amis espagnols, Manuel Diaz, une sorte de grand seigneur au carnet d'adresses impressionnant. Je lui explique mes problèmes. « Je vais voir ce que je peux faire pour vous » me répond-il. Après avoir rencontré plusieurs fois mon avocate française, il me dit combien elle est incompétente. Je lui demande pourquoi avoir attendu si longtemps pour me le dire. « Hé, Bernard ! Je croyais que c'était ta maîtresse ! » Il me met en relation avec un avocat catalan. La situation est déjà très embourbée mais il pourra mettre un terme à l'engrenage infernal.

Ayant perdu malgré ce nouvel avocat, je suis condamné à verser treize millions de francs. Comme j'avais affirmé haut et fort, persuadé alors de gagner mes procès, devant une assemblée d'actionnaires que cette affaire n'aurait pas d'impact sur Delfingen je décide, en accord avec mon épouse, de payer avec mes propres deniers pour respecter mes engagements. Le résultat, c'est que Delfingen et ses dirigeants ont gagné auprès de ses banques, de ses actionnaires et de ses clients une incroyable crédibilité que j'aurais perdue si j'avais fait payer l'entreprise.

VIII

La découverte de l'Amérique

De l'autre côté de l'Atlantique

En 1996, Delphi, grand câbleur américain avec qui nous travaillons en Espagne, nous donne sa très ferme position : « Nous avons bien entendu votre message mais si vous persistez à vouloir être le leader sur ce petit téton de l'Asie que vous appelez, comment déjà ? Ah ! Oui ! L'Europe ? Sachez que vous ne serez plus notre fournisseur. Nous, nous voulons des partenaires qui soient capables d'être dans l'automobile à dimension mondiale et capables de nous apporter les mêmes prestations en Europe, aux États-Unis, en Amérique Centrale » me déclare un jour Marc-Antoine Moulinier, responsable des achats chez Delphi. Jamais je n'avais eu d'ambition sur le marché mondial qui évoluait déjà à une vitesse phénoménale. Pour moi, ce qui fut vital n'a pas été d'avoir l'information, mais ce que j'ai fait de cette information.

L'évolution avait débuté avec Peugeot qui dans les années 80 nous orientait sur la protection de câblage. Puis, à peine dix ans plus tard, Delphi vers le marché mondial sur la même spécialité. Je prends conscience que je ne peux pas aller dans plusieurs directions avec plusieurs produits comme je l'avais préconisé lors de notre entrée en bourse. J'axe donc l'entreprise sur ce qu'elle fait le mieux : la protection de câblage avec un objectif : les États-Unis.

J'y avais fait mon premier voyage en 1992 grâce à Michel Dhanger, directeur général des établissements Fabi. Son fournisseur de matière plastique, Dupont de Nemours, lui offrait un voyage d'études. Il me proposa de l'accompagner. Sans lui, je n'aurais sans doute jamais été aux États-Unis. En guise de boutade, je lui ai alors lancé « Quand j'aurai vendu mes premiers produits aux USA, c'est moi qui t'offrira le voyage ». Je l'ai appelé en 2002 pour faire le tour des usines Delfingen aux États-Unis. Comme l'a si bien écrit Eric-Emmanuel Schmitt, la part de l'autre est souvent fondamentale dans la vie.

Comme tout s'accélère, je commence à apprendre l'anglais. Mais mes professeurs désespèrent tant j'ai de mal à assimiler. Le soir, le casque sur les oreilles, je m'inflige la répétition des verbes irréguliers ! Dans la voiture j'écoute les cassettes. Mais sans vraiment progresser tant mon esprit est surchargé de problèmes de toutes sortes.

—— Une course contre la concurrence ——

Après avoir bien étudié la position de nos concurrents aux États-Unis, il s'avère que deux d'entre eux ont des pieds à terre en Europe, MQ Limerick a une filiale en Irlande, et Truesdell une filiale au Pays de Galles qui sont dangereuses pour nous. Notre première décision est de les empêcher de se développer en Europe. Avec le savoir-faire de Jean-Noël Mermet, patron des établissements Frenger à Londres, spécialisés dans les fusions acquisitions, nous approchons Truesdell UK pour les racheter afin d'éliminer un concurrent et de rentrer chez le fabricant de faisceaux électriques japonais Sumitomo dont elle est le fournisseur. Je pars aux États-Unis négocier le rachat de cette entreprise. La négociation est difficile. Je finis par accepter de leur verser cinq cent mille dollars de plus en contrepartie de 10 % des parts de la maison mère aux États-Unis. Ils acceptent.

Les Américains sont encore les premiers consommateurs de voiture au monde mais les dirigeants de Truesdell gèrent tellement mal leur entreprise américaine qu'ils décident de vendre et reçoivent plusieurs propositions d'acheteurs potentiels. Seulement comme nous en possédons 10 %, ils ne peuvent le faire sans l'accord de Delfingen. Après de longues négociations, nous la rachetons début janvier 1998. Mon collaborateur Emmanuel Klinklin, un garçon brillant, part s'installer aux États-Unis, à Détroit, avec sa jeune épouse et leur bébé. Il va s'immerger pour comprendre comment fonctionne une entreprise américaine et découvre que l'outil de production de Truesdell est complètement obsolète.

Récit d'une formidable aventure humaine, ce livre est l'histoire d'une petite entreprise, née il y a 60 ans sous le nom de Sofanou.

Après plusieurs années de lutte et d'investissement, elle est devenue Delfingen, leader mondial installé dans 18 pays avec 33 implantations. Mais, ceci n'aurait pu se faire sans le soutien de tous ses clients, banquiers, financiers, actionnaires, prestataires, fournisseurs qui l'ont aidée à traverser les tempêtes, franchir les écueils et qui ont participé à son intensif et fulgurant développement.

Ce livre leur rend hommage.

Claudine le Tourneur d'Ison

Récit d'une formidable aventure humaine, ce livre est l'histoire d'une petite entreprise, née il y a 60 ans sous le nom de Sofanou.

Après plusieurs années de lutte et d'investissement, elle est devenue Delfingen, leader mondial installé dans 18 pays avec 33 implantations. Mais, ceci n'aurait pu se faire sans le soutien de tous ses clients, banquiers, financiers, actionnaires, prestataires, fournisseurs qui l'ont aidée à traverser les tempêtes, franchir les écueils et qui ont participé à son intensif et fulgurant développement.

Ce livre leur rend hommage.

Claudine le Tourneur d'Ison

Jean-Noël Mermet nous aide aussi à nous rapprocher de MQ en Pennsylvanie afin d'acheter sa filiale irlandaise. Le patron, David Carlin, accepte de nous céder les 70 % des parts qu'il a dans l'entreprise et nous laisse négocier avec ses trois associés irlandais qui en détiennent chacun 10 %. Les trois hommes refusent et deux d'entre eux rachètent la totalité des actions. MQ Irlande n'a donc plus de liens capitalistiques avec MQ US. Nous avons fait chou blanc. Celui qui prend la tête de MQ Irlande est un battant extraordinaire que je n'aurais jamais l'occasion de rencontrer car quelques mois après l'achat de l'entreprise, il est terrassé par un cancer. Ses successeurs ne sauront pas gérer MQ Irlande qui, en perte de vitesse, ne sera bientôt plus un concurrent dangereux pour nous. Mais je rachète néanmoins l'entreprise afin de mettre des bâtons dans les roues de MQ US qui se vante d'être le premier fournisseur mondial grâce à ses usines en Irlande et aux Philippines.

Je retourne voir David Carlin, patron de MQ US pour une tentative de rachat mais sans résultat. Quelque temps auparavant, il avait ouvert une usine aux Philippines sur ce qui était lors de la guerre du Vietnam la base américaine de Cebu. Il rafle à Truesdell le marché de Lear qui avait mis comme condition d'avoir aux Philippines un fabricant de gaines. L'île possède un aéroport international et son port militaire est devenu un port marchand d'envergure. Quelques années plus tard, Lear remet en négociation l'ensemble de ses achats de protection de câblage. Delfingen, installée aux États-Unis, relève le défi et leur fait une proposition attractive. Lear nous précise que nous serons retenus à la condition d'ouvrir une usine aux Philippines où nous savons qu'il n'y a pas de place pour deux usines concurrentes. Je vais donc à nouveau rencontrer le patron de MQ, lui expliquant que nous allons avoir le marché de Lear, que son usine aux Philippines va perdre une grande partie de son activité et qu'il serait plus judicieux pour nous deux qu'il me la vende. Sa réponse est un non sans appel. Je décide donc de m'installer à Cebu. Le seul terrain disponible est juste en face de MQ. Nous l'achetons. Nous y mettons une énorme pancarte annonçant la venue de Delfingen, certains que l'information remontera vite aux oreilles de David Carlin. Quelques semaines plus tard, nous reprenons rendez-vous avec lui pour lui refaire la même offre. Persuadé que notre opération est un coup de bluff, il refuse. La décision est donc prise de construire notre usine en face de la sienne. Et nous aurons comme prévu le business de Lear.

En 2007, le patron de MQ, contraint et forcé, finit par nous proposer de nous céder l'ensemble de son entreprise. Nous lui rachetons en mars 2008.

—— Deux pieds en Amérique ——

Je savais que si je m'appropriais les trois sociétés américaines MQ, APTC et Truesdell je prenais une part déterminante du marché américain. Le groupe Cambridge managé par Richard Crawford a fait la même analyse que moi. Il venait déjà d'acheter APTC aux frères Elliot. Il avait aussi tenté d'acheter MQ, sans succès, et n'avait pas pu acheter Truesdell car nous avions 10 % de l'affaire. Je rencontre Crawford pour savoir s'il est vendeur. Il me reçoit dans son bureau en annonçant qu'il y a deux solutions: « Ou tu me vends Truesdell ou je te vends APTC ». Pour moi c'est très clair, j'achète. Il a mis son prix sur un petit morceau de papier et me l'a tendu. C'était très cher mais j'ai accepté sachant que si je n'allais pas jusqu'au bout de mon objectif, je ne parviendrais pas à réussir sur le marché américain. De toute façon il était en position de force.

Donc, en janvier 98, nous achetons notre premier concurrent américain Truesdell, et en juillet 98, le deuxième APTC. Nous nous sommes retrouvés à la tête de deux sur trois des grands producteurs de composants de protection de câblage. Nous allons alors nous engager dans un vaste travail de réorganisation industrielle aux États-Unis.

Tous les ans pendant les vacances d'été, afin de perfectionner leur anglais et gagner un peu d'argent, Gérald et David partent travailler chez Delfingen aux États-Unis. David, un garçon brillant qui a intégré une école d'ingénieur, va vivre très mal la pression familiale qui lui tombe sur les épaules après l'entrée en médecine de son frère. Il aura plus tard le courage de me dire les yeux dans les yeux « je ne travaillerai jamais dans tes usines ».

Emmanuel Klinklin, aujourd'hui directeur général délégué de Delfingen, va faire un travail remarquable aux Etats-Unis: changement de matériel et lourds investissements en machines. Pendant toute cette période, je vais le rejoindre toutes les cinq semaines pour une dizaine de jours. Lors de la première acquisition à Detroit, en sortant du restaurant, j'allume un cigare et je vais faire un tour dans le quartier populaire du centre-ville. Je me retrouve dans des rues misérables, avec des silhouettes couchées par terre. Un groupe d'Afro-Américains m'entoure et me demande un cigare. J'explique que je n'en ai pas d'autre que le mien. Avec mon costume, ma cravate, mon gros cigare et mes trois mots d'anglais, je me suis assis sur les marches au milieu du groupe, assis on suscite moins la violence, et j'ai commencé à discuter un moment avec eux. Mon cigare terminé, je me suis levé et ils m'ont laissé repartir, heureux d'avoir fait tomber bien des *a priori* négatifs sur ces quartiers pauvres de Detroit. Ils avaient sans doute compris que je ne venais pas les provoquer et ils se sont intéressés à moi sans agressivité. La peur est communicative. La sérénité aussi.

Il faut toujours tenter de savoir pourquoi l'autre vend. Toutes les entreprises de la planète entendent le même discours: il faut être mondial. Et dans notre cas, suivre les câbleurs. Pour les fournisseurs, quitter la région de Detroit pour s'installer dans le sud, vers le Mexique, est une difficulté qui les poussent à vendre plutôt qu'à affronter les contraintes d'un déménagement. Nous devrons donc fermer les usines que nous rachetons dans le nord pour les rouvrir dans le sud. Il faut ensuite changer la totalité des machines qui sont obsolètes. De 1998 à 2005, je consacre un temps colossal à cette installation américaine et à l'achat de ces trois grandes entreprises.

—— Fiasco en Amérique latine ——

Dans les années 1995/96, le président argentin Kirchner indexe le peso sur le dollar, stabilisant ainsi l'économie du pays. Les constructeurs et les câbleurs vont donc se positionner en Argentine. Je décide de suivre le mouvement. Je me rends sur place avec un de mes collaborateurs afin d'y installer notre usine. Nous trouvons un bâtiment que nous visitons de nuit dans la banlieue de Buenos Aires. Il nous convient et nous signons la location avec le propriétaire. L'usine à peine installée, le responsable m'annonce que le bâtiment en question est situé juste à côté d'une favella. Quelques temps plus tard, non loin de notre usine, un entrepreneur se fait assassiner en pleine rue. La psychose gagne nos employés qui ne veulent plus rester malgré les renforts qu'on leur envoie et les clients qu'il faut continuer à livrer. Je décide de déménager dans une autre banlieue et je fais venir Gaston Girardet pour démonter et remonter les machines. Mais, coup de théâtre, l'économie de l'Argentine s'effondre. L'État en faillite refuse alors de nous rembourser un million cinq cent mille dollars de TVA. Lourdes pertes pour nous. Quelque temps plus tard, le bâtiment d'un fabricant d'ours en peluche situé juste à côté de notre usine est ravagé par un incendie. Poussées par le vent, les flammes viennent détruire notre bâtiment mettant un terme définitif à l'épopée de Delfingen en Argentine. Nous nous installerons en 2007 au Brésil dans la région de Sao Paolo où nous sommes toujours.

—— Au-delà des crises ——

En 2000/2001, l'effondrement de la bulle spéculative sur la nouvelle économie ralentit de façon dramatique l'économie américaine. Pour nous qui venons tout juste de nous installer aux États-Unis, débute une période au cours de laquelle nous allons perdre beaucoup d'argent. Mais comme nous gagnons de l'argent en Europe, nous pouvons le transférer aux États-Unis pour boucher les trous. Mai 2001, grâce aux importants efforts de toutes les équipes, la situation s'améliore. Mais au lendemain du 11 septembre, la chute est vertigineuse. Toute l'Amérique se fige pendant plus d'un mois. Puis les affaires reprennent tout doucement. En 2003, débute la guerre d'Irak. L'Amérique replonge. La France qui n'adhère pas à la politique de Bush est alors tournée en dérision. La situation s'améliore au fil des années jusqu'en mars 2008 où nous achetons MQ, relevant de trente millions de dollars notre chiffre d'affaires. Mais en septembre 2008 éclate la crise des subprimes. De dix-huit millions, les États-Unis passent à moins de dix millions de voitures par an. Malgré tous ces problèmes, j'ai toujours été déterminé à ne rien lâcher. On m'avait toujours dit que très peu d'entreprises françaises parvenaient à s'implanter aux États-Unis par manque d'une véritable force d'investissement sur le terrain. Je ne voulais pas être de ceux-là. Les Américains veulent en face d'eux des patrons forts, capables de décider vite et bien. Le seul point positif pour nous dans cette dégringolade fut de nous permettre d'intégrer les activités de MQ dans nos usines d'El Paso et du Mexique. Les pionniers de la restructuration de nos entreprises américaines ont été Marc Lemke, aujourd'hui vice-président des systèmes d'informations, et Jean-François Remond, vice-président du manufacturing mondial. Comme nous avons restructuré très vite, dès que les affaires reprennent nous sommes en position d'affronter le marché. Notre retour sur investissement aux États-Unis n'intervient que dix ans après notre installation là-bas. Aujourd'hui, les États-Unis sont les plus contributifs au résultat global de Delfingen.

À la fin des années 1980, Bernard Streit comprend que son développement passera par l'international. Il doit suivre les constructeurs de faisceaux électriques automobiles. ici, l'usine d'El Paso, à la frontière mexicaine, achetée en 1998.

—— Versatilité et frilosité des banques ——

Grâce à la gaine annelée, l'entreprise fait des bénéfices. Nous accumulons ainsi auprès de nos banques des autorisations de tirage qui nous permettent lorsque nous avons besoin d'emprunter, de le faire sans demander d'autorisation. Nous faisons l'acquisition de Truesdell de cette façon. Mais l'autorisation de tirage est limitée à un certain seuil que nous finissons par atteindre après avoir acheté plusieurs entreprises coup sur coup. C'est grâce à ce système que nous avons pu nous propulser rapidement à l'international. Vu notre taille, les banques ne nous auraient jamais suivi.

La plus grosse difficulté que nous rencontrons sur le marché américain est venue de la versatilité des banques américaines. Aux États-Unis, le système bancaire est radicalement différent du nôtre. Il est basé sur une durée déterminée pendant laquelle seront payés les intérêts mais dont le remboursement du capital n'est pas obligatoire. J'ai fait un emprunt de vingt-trois millions de dollars sur deux ans dans une seule banque, la règle interdisant d'emprunter dans plusieurs établissements. En France, les banques prêtent sur une durée plus ou moins longue et l'on rembourse chaque année les intérêts et le capital. De plus elles ne peuvent pas exiger le remboursement avant l'arrivée du terme de l'emprunt. C'est illégal. Tandis qu'aux États-Unis elles sont en droit de demander l'intégralité du remboursement à la fin de la période déterminée à l'origine. Ce qu'exige, au bout de deux ans, la banque vers laquelle je me suis tourné. En 2002, beaucoup de banques américaines décident en effet de sortir de leur dépendance du marché automobile, persuadées qu'il va s'effondrer. Sans retour immédiat des vingt-trois millions qu'elle nous a prêtés, la banque s'appropriera notre entreprise.

Pris à la gorge, je rentre en France et m'adresse à nos banques régionales en leur expliquant la situation. Mais je me heurte à l'extrême méfiance des Français qui ne comprennent rien au système américain et se montrent très suspects. Là encore il va me falloir dépenser une énergie colossale pour les convaincre de nous aider à trouver une solution. Juillet, août, septembre 2002, ce sera une course effrénée pour trouver l'argent. Grâce au charisme et au pouvoir de conviction de Monsieur Maurice Grangey, directeur général du Crédit Agricole de Franche-Comté, nos banques françaises vont finalement nous accorder des prêts à hauteur de 50 % des vingt-trois millions de dollars. Nous finissons par trouver une autre banque américaine qui prend en charge les 50 % restants. Le 28 septembre 2002, jour du mariage de notre fils aîné Gérald, j'arrive avec sous le bras une pile de papiers à faire signer à mes fils pour remettre tout le dossier à mon collègue américain qui repart aux États-Unis par le premier avion. Personne n'est au courant de nos difficultés. Alors que nous aurions dû participer pleinement à cet heureux événement familial, nous traversons avec Françoise des nuits d'insomnie à nous demander comment rembourser vingt-trois millions de dollars !

—— Trafic à El Paso ——

El Paso est à la frontière avec le Mexique et il s'y déroule beaucoup de trafic en tout genre, en particulier celui de la drogue, ce qui semblait assez habituel dans l'usine que nous venions d'acquérir. En 2001, nous avions de gros soupçons sur quelques personnes de l'entreprise. Deux détectives ont été embauchés pour discrètement investiguer sur ce qui se tramait dans l'usine. L'une des sources de revenus de la mafia locale est l'enlèvement contre rançon d'un million de dollars, et, un jour, des employés proposent aux détectives de m'enlever lors de ma prochaine visite. Evidemment le lendemain ils sont licenciés. C'est la seule usine où nous avons eu recours à ce genre de surveillance. Nous avons eu aussi des soucis avec le patron des achats, un Mexicain qui, à chacune de mes visites, se pavanait dans un véhicule toujours plus luxueux. J'en ai référé au directeur, un Américain, et lui ai demandé s'il avait augmenté le salaire de cet employé. Il me répondit qu'il n'y avait aucun problème avec ce responsable des achats car il lui avait directement posé la question, ce à quoi l'autre avait juré qu'il était parfaitement honnête. Je me suis dit qu'il avait une profonde méconnaissance du caractère latin. J'ai donc décidé de le coincer en emmenant le responsable des achats chez un de nos fournisseurs au Mexique qui a fini par me dire qu'il mettait bien 30 % du prix des achats dans sa poche.

IX

Contre vents et marées

Sombre erreur de jugement

En 2001, après toutes ces années infernales, j'étais littéralement épuisé. Mais l'entreprise avait fait un bond prodigieux en avant. Dans le même laps de temps, nous avions racheté l'entreprise espagnole, celle du Portugal, créé une filiale en Tunisie, en Turquie, au Maroc, introduit l'entreprise en bourse et nous étions implantés aux États-Unis et aux Philippines. Après toutes ces péripéties éreintantes, je fais le constat qu'il me faut trouver quelqu'un qui a l'expérience rigoureuse d'un grand groupe avec pour mission d'organiser, de structurer Delfingen et de préparer Emmanuel Klinklin à la direction générale.

A l'occasion des visites que je fis dans diverses entreprises pour rétablir la vérité sur Monsieur X, j'avais rencontré Monsieur Martin, l'un des dirigeants d'un important câbleur. Il m'avait assuré qu'il avait bien compris ce qui m'arrivait et affirmé que dans les années à venir il ferait le nécessaire pour que « ces gens-là » ne rentrent pas comme fournisseurs chez lui. J'avais beaucoup apprécié son attitude et j'avais été impressionné par sa droiture. En 2001, j'avais demandé à une société de recrutement de me trouver un cadre dirigeant qui puisse palier mes lacunes en matière de gestion. Parmi ceux qu'on me présenta, j'ai eu en face de moi un ancien cadre de cet important câbleur qui m'apprit le licenciement de Monsieur Martin. J'ai aussitôt repris contact avec lui.

Nous nous retrouvons à Paris et lors de la discussion je le trouve non seulement en phase avec ma stratégie mais suis séduit par son intelligence et la rapidité à laquelle il comprend les choses et voit l'avenir. Je l'invite à passer un week-end dans notre maison de la vallée de la Loue. Je convie mes deux fils en leur demandant de se mettre dans la situation où, si je venais à disparaître, ils devaient rechercher un directeur général. J'attends d'eux qu'ils analysent bien le personnage. Lorsqu'il repart à la fin du week-end, tous les deux me disent en chœur qu'ils ne l'embaucheraient pas. Je leur demande de me mettre par écrit leurs raisons. En lisant leurs rapports, j'en conclus qu'ils n'y connaissent rien. J'embauche Monsieur Martin qui, en dix-huit mois, met l'entreprise au bord de la faillite. Incapable d'amener les gens à se dépasser, il va enrayer toute la machine. Je venais de sortir d'une série de cauchemars pour m'y replonger aussi vite.

Alors que nous réfléchissons tous les deux à un plan que j'appelle « mille jours pour changer et gagner », Martin fait le tour de nos usines pour imaginer la stratégie à mettre en œuvre. Cet homme est une remarquable machine intellectuelle qui durant une année traduit dans les documents la structure d'une stratégie comme jamais personne avant lui ne l'a fait dans l'entreprise. Je suis impatient d'en voir le résultat. Après à peine quelques mois de mise en œuvre, c'est la catastrophe. Je m'aperçois que la raison majeure de son échec est son incapacité à entrer en empathie avec les autres. Il est dans sa bulle et n'écoute ni n'entend rien de ce qui se passe autour de lui. Il va faire l'unanimité contre lui. L'entreprise décline, perd de l'argent. Mes collaborateurs n'osent rien me dire pensant que je cautionne son attitude. Le moral du personnel est au plus bas. En moins d'une année, Martin a cassé la belle dynamique de l'entreprise. J'imaginais avoir trouvé l'homme providentiel. Si je m'en sépare, il me faudra moi-même reprendre les choses en mains alors que je n'en ai plus l'énergie. Je suis à bout de force, écartelé entre les mises en examen et tous les autres problèmes. J'ai conscience qu'avec lui je vais droit dans le mur mais en même temps je me sens incapable de reprendre seul les rênes de Delfingen. Mes fils avaient bien défini le personnage et senti ses travers. Je finis par le licencier alors qu'il n'est là que depuis dix-huit mois. Lorsque je l'annonce à Emmanuel Klinklin, sa réponse fuse : « C'est la meilleure nouvelle que j'entends depuis longtemps ».

Licencier quelqu'un est toujours une épreuve redoutable. Beaucoup de situations peuvent s'enliser et aboutir à d'irrémédiables dégâts si l'on n'a pas le courage de se séparer d'éléments néfastes à l'entreprise. Pendant longtemps, j'ai assumé seul la charge des licenciements. C'est épuisant, émouvant mais nécessaire pour la pérennité de la communauté.

—— Tragiques destinées ——

Après le fléau Martin, le 26 juin 2002, un événement tragique nous frappe de plein fouet. Un soir, le responsable de l'usine et deux de ses collègues rentrent à leur hôtel en voiture quand ils ont un grave accident. L'un est tué, l'autre est dans un état très grave avec les vertèbres déplacées. Aucun des deux ne portait de ceinture de sécurité, contrairement au chauffeur qui est sorti indemne. On m'a appelé au milieu de la nuit. Quand je suis arrivé sur place, l'ambulance n'était pas encore partie avec le blessé, Yves Teboul. Il fut soulagé de me voir, m'a saisi la main en m'exhortant à ne pas le laisser mourir dans ce trou. Issu d'une grande famille bourgeoise parisienne, son père avait énormément de relations et Yves exigeait qu'on le ramène à Paris. L'ambulance l'a transporté aux urgences de Besançon où le chirurgien est arrivé à quatre heures du matin. Je lui ai expliqué qu'Yves refusait de se faire opérer ailleurs qu'à Paris. Il a examiné les radios et a répondu que s'il ne l'opérait pas immédiatement il finirait sa vie dans un fauteuil roulant. Le chirurgien lui a posé de nombreuses plaques afin de ressouder la colonne vertébrale brisée en plusieurs endroits. Le chauffeur, lui aussi hospitalisé par précaution, était dans une chambre seul. Dans la crainte qu'il se suicide, j'ai appelé Gérald qui était justement de garde cette nuit-là afin qu'il se rende au plus vite à son chevet.

– Papa, je suis de garde, me répond-il.

– Ce n'est pas mon problème. C'est un ordre.

– J'ai des responsabilités…

J'ai raccroché sans même le laisser terminer. Il m'a rappelé quelques minutes plus tard.

– J'ai trouvé une solution. J'arrive.

Sa réaction dans cette épreuve m'a donné la force dont j'avais besoin.

Yves a voulu faire retirer ses plaques dans un hôpital parisien de renom. Devant la qualité de l'intervention, les médecins qui l'examinèrent furent ébahis et lui confirmèrent que le temps d'arriver à Paris avec les embouteillages, la non-disponibilité du personnel médical, il aurait fini dans un fauteuil roulant. Il a repris une existence normale mais a quitté l'entreprise. Revenir était pour lui une épreuve insurmontable. Juste un an après l'accident, j'ai tenu à organiser à Paris un déjeuner avec le blessé et le chauffeur qui était sorti indemne. Il me semblait important que ces deux hommes puissent se parler pour apaiser leur souffrance. Au cours du déjeuner j'ai veillé à ce qu'ils ne parlent que de l'accident pour les amener à s'extraire de leur cauchemar. Ils se sont quittés sereins. La boucle était bouclée.

Quelques années plus tard, en 2008, je vais vivre un autre drame qui va profondément affecter l'ensemble des collaborateurs. Dans le hall d'entrée de Delfingen, j'avais exposé un Spider Renault que j'avais acheté en 1998. Une voiture sans pare-brise que l'on conduit avec un casque. Chaque nouveau client était convié à faire un tour dans cette étonnante voiture. Un jour de 2004, j'attendais ma valise à l'aéroport de Porto au Portugal quand mon téléphone sonna. Deux cadres de l'entreprise avaient emmené un responsable de Renault en visite à Anteuil faire un tour dans le Spider. Après l'avoir déposé devant l'entreprise, les deux cadres sont repartis faire un tour. Il avait plu. Ils allaient trop vite. Le Spider est parti en vrille et a fait un tonneau. L'un des cadres, un jeune père d'un enfant de quatre mois, est mort sur le coup. Celui qui conduisait a eu plusieurs doigts coupés. Il travaille toujours dans l'entreprise. Je suis revenu d'urgence à Anteuil par le premier vol retour. Un tel événement est un drame pour une entreprise. J'ai culpabilisé pendant des mois et des mois. Je me sentais responsable. J'avais décidé d'envoyer la voiture à la ferraille. Michel de Massougnes me déconseilla vivement de me débarrasser de l'objet du drame. « Pour faire son deuil, il faut avoir une pierre tombale, me dit-il. Vous devriez la faire réparer et la remettre dans l'entreprise en souvenir du disparu. Devant la voiture, chacun pourra faire son deuil ». J'ai réfléchi puis j'ai été convaincu que c'était exactement ce qu'il fallait faire. Il y eut beaucoup de réactions dans l'entreprise. Certains ne comprenaient pas ma démarche. J'ai expliqué que lorsque son fils aurait dix-huit ans, il pourrait venir voir le Spider et comprendre comment son père s'était tué. J'ai tenu bon face à ceux qui s'opposaient. « Si cela vous fait mal de la voir, c'est que vous grandissez » leur ai-je dit.

—— À la recherche de l'enthousiasme perdu ——

Dès le départ de Martin et après toutes les blessures endurées par le personnel, il me sembla urgent de reconstruire la confiance et de recréer du lien en travaillant sur la relation entre les hommes. Avec l'équipe de direction nous avons alors l'idée d'initier les grands *leadership meetings* qui auront lieu à Anteuil et au cours desquels doivent être abordées des réflexions ne concernant pas les problèmes opérationnels de l'entreprise. Nous travaillerons sur nos valeurs établies en 1984 pour s'assurer qu'elles sont bien transculturelles et transconfessionnelles. Nous nous attacherons à définir des comportements associés à ses valeurs, à définir une *Charte du travail décent* et à créer une Fondation dont Gérald va prendre la présidence. Une présidence qu'il souhaite parce qu'il partage les valeurs de Delfingen et veut approfondir sa connaissance de l'entreprise. En effet, depuis quelques mois, notre fils nous a annoncé qu'il souhaitait quitter son cabinet de rhumatologie pour se consacrer à la reprise de l'entreprise familiale. Françoise et moi en tirons une grande fierté mais commence aussi à naître une inquiétude : saurons-nous passer le flambeau ?

Avec nos équipes nous allons mener des actions ciblées dans les usines où nos valeurs sont encore trop souvent bafouées. Nous avions acheté une usine d'assemblage de câblages à Ploiesti, une ville à cinquante kilomètres au nord de Bucarest. La rentabilité était mauvaise à cause d'un *turnover* incessant des employés. J'ai demandé des explications au DRH qui me répondit « Ah ! Bernard !

C'est la Roumanie ! » Pour moi, ce n'était pas une réponse. Je me suis rendu sur place avec Emmanuel Klinklin pour voir ce qui s'y passait réellement. Nous avons passé la soirée avec les deux gestionnaires. Le lendemain matin, à l'usine, nous sommes allés saluer tout le personnel, une majorité de femmes travaillant aux câblages. Et là, consternation, j'ai vu les deux gestionnaires saluer les plus jolies d'entre elles d'un baiser dans le cou. L'atmosphère qui régnait là était à l'opposé de nos valeurs ! Une fois dehors, la messe était dite. Avec Emmanuel nous nous sommes compris d'un regard. De retour à Anteuil, j'ai demandé au DRH de licencier sans préavis ces deux salariés. Puis j'ai mis à la tête de l'usine un jeune Slovaque, Ivan Valchovnik, aujourd'hui directeur commercial Europe. Il avait fait ses études en France et des stages chez Delfingen. En quelques semaines, l'absentéisme a chuté, l'efficience a augmenté et l'entreprise est devenue rentable. Quand j'ai le moindre doute, je diligente une enquête pour éviter ce genre de dérive. Il est nécessaire dans une entreprise de commencer à regarder par le haut. Souvent c'est par les patrons ou les cadres haut placés que débutent les problèmes. Dans nos valeurs est inscrite la liberté d'expression. Mais c'est très difficile pour un employé d'aller critiquer son supérieur. Généralement, il ne le fait pas ou difficilement et la situation pourrit, s'envenime et c'est souvent ainsi qu'une entreprise fait faillite.

Nous décidons que ces *leadership meeting* auraient lieu deux fois par an pour réunir à Anteuil soixante-dix personnes venant des différentes usines du groupe. L'objectif est de les faire se rencontrer, se connaître et s'apprécier dans leur différence afin de leur redonner confiance. Ces réunions vont y contribuer et j'en perçois vite les effets positifs. Pour retrouver le plaisir de travailler ensemble il faut réintégrer les salariés dans une intelligence collective. C'est la motivation des hommes et des femmes qui amène le bon fonctionnement de l'entreprise. Je l'ai vraiment compris lors de ce terrible épisode Martin. Nous perpétuons ces meetings tous les ans et nous avons aussi créé des TEAM days (*Together Everyone Achieves More*) qui réunissent les salariés par secteur d'activités.

—— Les thèmes de l'exigence ——

Nous avons la chance de démarrer ces *leadership meetings* avec une intervenante d'exception, Madame Viviane Amar. Lors d'un voyage aux États-Unis, je découvre l'un de ses livres intitulé *Pouvoir et Leadership*. Cet ouvrage m'enthousiasme et dès mon retour je prends contact avec elle. Je lui retrace l'histoire récente de l'entreprise. Elle me suggère aussitôt d'intervenir sur le management par le leadership et les valeurs. Je lui explique que nous avons déjà défini en 1984 nos cinq valeurs fondamentales. « Etes-vous sûr qu'elles sont aujourd'hui transculturelles et transconfessionnelles ? » me demande-t-elle. Elle animera avec un grand talent deux séances de leadership meeting et face au succès de ces réunions, nous enchaînerons avec plusieurs autres intervenants.

Le père Dominique Peccoud est venu nous révéler « Comment le langage influe sur les relations ». Pour sa démonstration, il a apporté un recueil de poésie. Il nous a réunis par petits groupes et chacun à notre tour nous lisons un poème. Nous devons noter nos émotions, celui qui lit ne ressentant pas les mêmes que celui qui écoute. La poésie est un langage symbolique qui ouvre sur toutes les interprétations possibles. De l'autre côté, le langage informatique, opérationnel, ne laisse aucune part à l'improvisation. Dans le rapport à l'autre existe une multitude de manières de s'adresser à son interlocuteur. Avec le langage opérationnel, dépourvu d'émotions, l'autre n'a aucune possibilité d'adaptation. Par le langage poétique, il reçoit des émotions mais ne sait pas ce qu'on attend de lui. Il est nécessaire de trouver le juste milieu entre les deux. Cette intervention fut vraiment puissante.

J'ai plus tard invité un illusionniste, Matthieu Sinclair, que mon fils Gérald m'avait vivement recommandé après l'avoir rencontré lors d'un séminaire de médecine. Tout le monde se demandait pourquoi j'invitais un magicien. Je l'avais rencontré à Paris et j'avais été subjugué par sa simplicité et son intelligence. Je l'ai fait venir pour travailler sur les relations vraies. Il nous a fait prendre conscience combien la fragilité de nos cinq sens nous empêche de voir et d'aller à l'essentiel. Il nous démontra par la magie et l'illusion que nos cinq sens ne sont absolument pas fiables. Quand on en prend conscience, on est fortement déstabilisé puis on entre dans une phase d'humilité et de modestie. C'est la porte vers l'empathie, donc la relation vraie qui permet de ressentir les émotions de l'autre. Il étayait son propos par des tours de magie. Certains participants n'ont vu que le magicien. Les autres ont compris le message fort qu'il y avait derrière son intervention. Une entreprise n'est forte que si elle fait grandir les hommes. Si les hommes grandissent, l'entreprise devient solide et peut faire face à tous les changements.

Laurent Combalbert, négociateur du Raid, unité d'élite de la police nationale, nous a appris « Comment passer de la performance individuelle à la performance collective ». Comment gérer des situations extrêmement tendues et complexes grâce au débriefing après une mission. Dans une entreprise on pense souvent au briefing mais rarement au débriefing. L'armée israélienne après chaque intervention même la plus minime, analyse des heures durant ce qui a été bien fait et surtout les erreurs commises.

J'ai aussi été fasciné par l'intervention de Cyril Diederich, chef d'orchestre. En effet le chef d'orchestre va amener en quelques minutes une centaine de musiciens à jouer la même partition, avec sa manière à lui de sentir vibrer les notes et sans utiliser le langage verbal. Il va donc nous faire découvrir comment le langage non verbal est lui aussi déterminant dans la relation à l'autre.

—— Un « primitif » instinctif ——

Je participais à un séminaire animé par Jean-Marie Descarpentries, ancien patron, entre autres, du groupe informatique Bull, un formidable entrepreneur classé en 1989 par le magazine *Fortune* comme l'un des chefs d'entreprise les plus fascinants. Au cours de la réunion, il m'apostropha devant la soixantaine de participants. « Bernard, ne change jamais ! Tu es un primitif. Tu as un instinct formidable ! Ne fais jamais l'ENA ! » Il voulait prendre à contrepied certains participants et leur envoyer un message.

Un jour, j'ai reçu un bristol pour un déjeuner avec Laurent Fabius, au ministère des Finances. C'était l'époque des sans-papiers de l'église Saint-Bernard. L'idée m'est alors venue de rentrer au ministère de Bercy sans papiers. Pour ne pas céder, je les ai laissés dans la voiture. Dans le hall de Bercy, je salue les personnes présentes et une jeune réceptionniste me demande si je suis de la maison. « Non pas tout à fait, mais avec tout ce que j'ai payé d'impôts, j'ai aidé à la construire ! » La jeune femme perd patience et me demande ce que je veux. Je sors mon bristol. Aussitôt elle exige mes papiers d'identité. Je rétorque que je n'en ai pas. Elle s'énerve. J'explique que j'arrive de l'église Saint-Bernard et que je suis invité par le ministre. Plus elle s'énerve plus je baisse le ton. Je finis par lui demander de prévenir le ministre que je suis là. Un homme sort d'un bureau alarmé par la voix de la réceptionniste. Je lui explique à nouveau la situation. Il y met fin en me demandant de le suivre jusqu'au lieu du déjeuner. Nous étions six ou huit chefs d'entreprise. Je suis reparti avec la satisfaction d'être rentré chez le ministre sans papiers !

Lors d'une réunion de l'Académie des Entrepreneurs où Claude Allègre, ex-ministre de l'Education Nationale était présent, la discussion arrive sur l'insécurité dans nos banlieues. C'était il y a une quinzaine d'années. La salle chahute le ministre sur l'insécurité. Il prend alors la parole pour nous dire qu'au sein du conseil des ministres, il a demandé à ce que la Légion Etrangère (régiment d'élite de l'armée française) vienne y remettre de l'ordre. Je me lève d'un bond et lui lance « Alors là, monsieur le Ministre, vous seriez l'auteur de la deuxième bataille d'Alger ! » La salle est partie d'un fou rire qu'Allègre n'a pas vraiment apprécié.

Issu d'un milieu social pauvre matériellement et intellectuellement, j'ai forgé mes connaissances et progressivement ma personnalité lors de ces rencontres avec des personnages hors du commun. Ils m'ont permis d'assouvir ma profonde curiosité et de structurer mon esprit. Apprendre, écouter, lire est une formidable manière de continuellement s'enrichir afin de mieux comprendre les autres et mieux connaître le monde qui nous entoure.

Un formidable instinct

Bernard Streit a une perception démes autres. Jusqu'à en être perturbé dans une ré les échanges ne se font pas en français. C ne comprend pas, il observe et capte. So animal compense son incapacité à parler gues étrangères. « Celui qui se sera étudié sera bien avancé dans la connaissance des Cette recommandation de Diderot a été près par Bernard Streit qui s'est révélé à après les coups, les embûches, les difficult sées. Un de ses combats majeurs a été c sa timidité maladive. En l'espace de dix devenu un véritable businessman. Un homr qui a développé une vision globale du monde e ception aigüe des autres. Il a appris comment affaires aux États-Unis, comment restructurer prises à l'étranger tout en se débarrassant de tage qu'est la manière bien française d'aborder l C'est de ce nouvel élan qu'il a tiré ses forces.

Au cours des heures que j'ai passé à l'écout apparu de façon frappante qu'à chaque déto existence, et surtout dans les moments où tout culer vers le pire, un personnage providentiel surgit pour le sor nière où il manque de sombrer. « Il n'y a pas de hasard, m'a-t-i Il n'y a que des rencontres qu'on n'a pas su lire ». Je lui ai rétc phrase du professeur Jacques Monod « Le hasard est la rencont séries causales ». Si, dans chaque destinée, il y a une part de ch faut pas négliger la capacité de l'être humain à savoir se position endroit pour saisir cette chance qui se présente rarement deux fois il y a le choix entre cinq chemins différents, Bernard prend toujo

Il a un instinct exceptionnel. Il sent formidablement les choses », résume un proche collaborateur, Damien Personeni, vice-président en charge du développement international. « Et, poursuit Damien, je me souviens aussi lors de l'ouverture de l'Assemblée générale de 2011, de l'hommage rendu par Bernard à son fils Gérald qui venait de rejoindre l'entreprise : "Il aurait pu choisir de rester médecin et bourgeois de province. Il a choisi de devenir entrepreneur. Je ne peux vous dire aujourd'hui s'il aura les compétences. Ce que je peux déjà vous affirmer, c'est qu'il a du courage" ».

Afin de mieux cerner la personnalité du premier cercle de des collaborateurs mais aussi la sienne et celle de son père, Gérald Streit, qui travaille maintenant depuis trois ans à se préparer à la succession, a demandé à un membre de l'Institut français de l'ennéagramme de les soumettre à des tests de personnalité. L'ennéagramme (du grec ennea qui signifie « neuf » et gramma dont le sens est « figure ») est un outil de connaissance de soi et des autres. Il a la particularité de mettre l'accent sur les motivations profondes qui sont à l'origine des comportements. Ces motivations ont leurs racines dans les blessures d'enfance. Cela explique pourquoi chacun est invité à relire son enfance pour trouver son Type parmi les 3 possibles dans celui des trois Centres (« Tripes », « Cœur » ou « Tête ») qui le caractérise. L'ennéagramme prend également en compte le fait que les comportements peuvent varier selon les personnes ou les événements auxquels nous sommes confrontés.

Le but de ce séminaire du Steering Committee de Delfingen reposait sur trois objectifs :

– permettre à chaque membre de l'équipe de direction d'identifier son type de personnalité à partir de la méthode de connaissance de soi qu'est l'ennéagramme afin de prendre conscience et de comprendre son comportement sous l'effet du stress ;

– partager son type de personnalité avec les membres de l'équipe de direction et mieux se comprendre les uns les autres afin de développer ensemble une meilleure relation ;

– s'approprier une méthode d'aide à la prise de décision éthique et responsable.

Sur la base du questionnaire, le profil de Bernard Streit ressort avec un Centre « Tripes » mais également un Centre « Cœur » très fort. Il est de

Type 8 qui caractérise un leader avec une aile principale de type 7 symbolisant l'optimisme. Il est instinctif, le passage de l'impulsion à l'action doit être bref. Il dégage une énergie puissante et a confiance en lui. Il aime corriger l'injustice et protéger le faible, foncer droit devant, se battre, gagner une épreuve de force. Il n'aime pas l'inconsistance, la mollesse, l'hypocrisie, le compromis. La personnalité de Bernard Streit s'est construite sur une fêlure, une humiliation, une injustice. Il a pris le contrepied de ses blessures par une position dominante, puissante : devenir fort pour gagner le respect et faire régner la justice, nier sa vulnérabilité, imposer sa volonté et sa vérité en ayant recours à la confrontation si nécessaire. Pour ses collaborateurs, Bernard Streit est un « Patron au Grand Cœur ».

X

Les vertiges de 2008

Une stratégie pulvérisée

Au cours des années 2005, 2006, 2007, Delfingen s'est bien redressée. En 2007, je m'aperçois que certains de nos clients ont besoin d'une prestation complémentaire. Comme ils sont contraints de faire des efforts de productivité, leur souci est de trouver des moyens de faire des économies en diminuant par exemple leur surface de stockage, réduire leur personnel, etc. Et, entre autres, de trouver des prestataires qui seraient capables d'assembler des faisceaux électriques pour leur compte, de fabriquer des faisceaux prototypes en très petites quantités, des faisceaux de lancement et de fin de séries, et des faisceaux d'après vente pour réparer les voitures. J'envisage alors la production de ces pièces ce qui renforcerait la taille de nos usines. Comme nous n'avons aucun savoir-faire dans ce domaine, il me semble impératif d'investir dans une société qui fabrique des faisceaux. C'est ainsi que j'achète le groupe portugais Suleve qui possède aussi une usine au Maroc et une en Roumanie. 30 % de son chiffre d'affaires vient des faisceaux et 70 % des assemblages de pièces techniques. Nous séparons juridiquement la partie faisceaux de la partie assemblage pour investir majoritairement sur la partie faisceaux et offrir une bonne prestation à nos clients. Pour cet investissement nous avons besoin de deux millions d'euros. Nous sommes début 2009, en pleine crise des subprimes. Les banques me répondent qu'elles ne pourront pas nous prêter plus de deux millions pour l'ensemble du groupe Delfingen. Je renonce alors à la partie faisceaux de Suleve que je revends et je ne conserve que la partie que je ne voulais pas, l'assemblage. La crise a pulvérisé ma stratégie.

Une fois la crise passée, je cherche à revendre la partie assemblage de Suleve dont je n'ai pas besoin. Au cours d'une visite sur place avec Emmanuel Klinklin, alors que nous sommes décidés à vendre, au moment de prendre l'avion nous vient la même idée. Nous étions en train de développer le transfert de fluide d'une façon importante et nous allions avoir besoin d'assemblage. Avec Suleve nous avions ce savoir-faire à portée de main. Nous prenons conscience que nous sommes sur le point de vendre ce dont nous aurons besoin demain. Donc la vendre serait une pure hérésie. C'est très souvent face aux événements que l'on prend des décisions qui ne sont pas le fruit d'une longue réflexion ou d'une stratégie à long terme.

En 2007, nous avons changé le nom d'origine Sofanou pour Delfingen, créé la Fondation et lancé l'affaire des crèches avec Delfingen Life. Notre objectif avec les crèches, c'est de développer un business régional non soumis au pétrole, au dollar, au prix des matières plastiques. Nous avons décidé de nous positionner sur le marché du service à la personne et cherchons des financements que les banques ne veulent pas nous accorder estimant que cette activité est trop loin de nos savoir-faire. Comme Delfingen gagne de l'argent, je me passe des banques et nous nous lançons dans les crèches sans leur soutien. Arrive la crise qui nous fait perdre un million d'euros par mois alors que le projet crèche est en plein lancement et sans financement. Cet entêtement nous a fait passer à deux doigts d'une catastrophe. Nous revendons finalement cette activité en 2013 car elle nous amène effectivement à trop nous disperser alors que nous devons réunir nos forces pour nous développer sur le marché asiatique.

—— En équilibre au-dessus du gouffre ——

En mars 2008, nous venons de racheter le groupe américain MQ pour gagner des parts de marché. Pendant les mois qui suivent, les équipes sur place sous la direction de Marc Lemke et de Jean-François Remond, font un monumental travail de réorganisation qui est juste terminé quand démarrera la crise. En septembre 2008, le chiffre d'affaires de Delfingen est 1,5 % supérieur à celui de septembre 2007. Très optimiste, j'ai dans l'idée de racheter une entreprise au Canada. Emmanuel Klinklin ne cesse de me mettre en garde contre un réel décrochage. Mon père lui-même est très inquiet. Je suis le seul à montrer une étonnante confiance. Quand en octobre nous décrochons de 30 %, je prends enfin conscience de la gravité de la situation. En novembre, nous passons à moins 50 %. En décembre moins 70 %. Nous sommes dans une situation désastreuse qui est la même pour tous les pays. Ce qui tue une entreprise c'est de ne plus avoir les moyens de payer ses fournisseurs. Mon obsession est de conserver du cash. Nous imaginons avec mes collaborateurs d'hypothétiques montages.

En décembre 2008, nous organisons une réunion au Crédit Agricole à Belfort avec Christophe Clerc, directeur général délégué, que je viens juste d'embaucher. Nous présentons au directeur un montage financier pour nous sortir de l'ornière et surtout nous éviter de passer la ligne blanche qui conduit à la faillite. Au cours de la réunion, une de ses employées l'appelle. Il sort du bureau et revient quelques minutes plus tard, livide, pour nous annoncer que nous venons de passer la fameuse ligne blanche. En cause, un versement de trois cent cinquante mille euros. Le froid de la lame tombe sur ma nuque. Mais très vite, nous nous apercevons que deux virements se sont croisés. La ligne blanche n'a pas été franchie mais nous n'en sommes pas loin. En fin de journée, Philippe Marmier, le patron des entreprises du Crédit Agricole, vient me rencontrer à Anteuil. L'entretien est virulent. Il me conseille de solliciter un administrateur provisoire qui va, avec l'aval du Tribunal de commerce, renégocier notre dette auprès des banques. Je refuse catégoriquement. Pour les fournisseurs, une entreprise entre les mains d'un administrateur judiciaire est déjà morte. Pendant deux jours je m'y oppose. Puis j'accepte à condition que cela se fasse dans la plus grande discrétion. S'engage avec l'administrateur un processus qui remet toutes les banques autour d'une table. Christophe Clerc présente avec brio notre dossier. Avec l'engagement des banques et grâce au gouvernement français qui leur garantit un remboursement si les entreprises ne peuvent faire face, nous trouvons le moyen de consolider notre situation. Sans cette position du gouvernement, toutes les sociétés françaises se seraient effondrées. Tout s'est joué en quelques jours.

En interne, et en accord avec le personnel à qui nous versons des dividendes depuis 1984, les salaires baissent de 2 % à 10 % suivant les niveaux hiérarchiques. Les cadres abandonnent spontanément leur bonus. Nous sommes contraints malgré tout de mettre une partie des salariés au chômage partiel partout dans le monde. En mai, la barre se redresse. Nous sommes tirés d'affaire. Mais nous avons frôlé la catastrophe.

Nous avons assisté pendant tous ces mois de crise à un élan de solidarité exceptionnel au sein de l'entreprise, fruit du travail de rétablissement de la confiance entrepris depuis quelques années. Cela nous prouva que le bateau Delfingen avait les moyens de traverser de fortes tempêtes.

—— Mon grand-père, toujours ——

Ruminer des rancœurs contre certaines banques ou le gouvernement n'amène à rien. Dans ces moments, il est fondamental de ne pas sortir du réel pour voir et sentir quelles sont les voies à prendre et celles à éviter. Dans cette crise, seul le gouvernement français nous a aidés bien que nos intérêts industriels soient à 80 % hors du territoire français. Mais aucun des pays où nous sommes implantés ne nous a soutenus. La leçon que nous en avons tirée, c'est de ne jamais perdre nos racines françaises, ni notre relationnel au niveau régional et national. Après notre épopée aux États-Unis, de 1998 à 2008, les drapeaux américain et européen flottaient au-dessus de nos usines. Après la crise, nous avons retiré le drapeau américain et l'avons remplacé par le drapeau français. Il est dommage que les médias français aient trop passé sous silence le rôle des dirigeants français qui, avec des personnages emblématiques comme Christine Lagarde, ont sauvé la France lors d'une crise violente et soudaine.

En décembre, à un moment où j'étais particulièrement désemparé, je déjeune avec Michel de Massougnes et lui demande ce que je dois faire. « Mettez la photo de votre grand-père dans votre bureau. C'est ce qui vous sortira de ce bourbier » est le seul conseil qu'il me prodigue. Cela me semble d'abord bien dérisoire face à l'ampleur et la gravité des événements. Elle y est depuis. Et nous avons survécu. Je comprendrai la force de son message lorsque dans la solitude de mon bureau, face aux décisions difficiles à prendre, mes yeux se portent sur cette emblématique photo dont le regard me répète : « Ne lâche jamais ». La force d'un mentor est de savoir vous remettre sur la bonne piste.

Bernard Streit a dans son bureau le portrait de son grand-père Christian, homme volontaire et courageux qui a travaillé comme un fou toute sa vie pour finir de payer la ferme de La Verrière. Pour Bernard, il est l'âme de la famille Streit, celui qui montra la voie de la détermination et de tous les possibles.

Pendant la crise, une grande réunion a lieu à Paris à l'hôtel George V avec Luc Châtel, alors ministre de l'Industrie, au sujet de l'aide que le Fonds de Modernisation des Equipementiers Automobiles (FMEA) peut apporter à des entreprises telles que la nôtre. Homme brillant, il nous explique comment aider les entreprises à devenir des champions mondiaux. À la fin de la réunion, tout le monde s'est précipité autour de lui pour le rencontrer. Alors qu'il passe à un mètre de moi, sans hésiter, ayant retenu la leçon de mon grand-père face aux Allemands, je l'interpelle :

– Monsieur le ministre ! Cela ne vous dérange pas de faire venir huit cents personnes pour raconter des mensonges ?

Il se retourne brusquement.

– Quels mensonges ?

– Nous sommes leader européen, deuxième groupe mondial et nous avons bien des difficultés à convaincre le FMEA à rentrer dans notre capital !

– Ne bougez pas je vous envoie mon chef de cabinet.

Le chef de cabinet est venu me chercher et nous nous sommes éloignés de la foule pour discuter. Je lui ai expliqué la situation. Il m'a affirmé qu'il allait prendre les choses en main. Christophe Clerc m'a habilement suggéré de devancer les services du ministre. Il a appelé la direction du FMEA pour les prévenir que celui-ci allait intervenir sur notre dossier. Le dossier fut réglé en quelques jours. Sans intervention du ministère.

Malgré le traumatisme, il est impératif de se remettre immédiatement en selle, en position d'offensive dans un monde où tout va tellement vite, si l'on ne veut pas courir le risque de se faire avaler par plus fort que soi. Comme nous nous sommes rétablis plus vite que les autres, nous devons pousser la bataille à notre avantage. Dès 2010, nous recommençons à gagner de l'argent. Pendant deux ans, nous nous efforçons de diminuer notre dette. La crise nous a fait perdre les bénéfices de plusieurs années. En 2012, nous achetons Hilec, concurrent américain dans les gaines textiles de protection électrique. Il est indispensable de continuer à prendre des positions qui assurent la pérennité de l'entreprise. Nous nous sommes vite rétablis car au moment de la crise l'entreprise se portait bien. Si nous avions été en difficulté comme en 2002, nous n'aurions certainement pas résisté à ce cataclysme.

—— Le monde et nous ——

En 2007, je vais pour la première fois en Chine et suis sidéré de découvrir la vitalité économique de ce pays auquel je ne croyais pas. Mon premier objectif est de comprendre ce qui s'y passe. J'installe un collaborateur à Shanghai qui va étudier le marché de l'automobile et du câblage afin que nous puissions déterminer où nous situer sur ce marché. Pendant la crise de 2008, nous cessons tout voyage à l'étranger par mesure d'économie. J'appelle régulièrement notre collaborateur à Shanghai qui est très inquiet de la situation afin de le rassurer et surtout pour qu'il poursuive ses investigations même si tout va mal à travers le monde. J'ai la conviction que dès que l'économie va reprendre, notre place est impérativement en Asie. En 2010, nous démarrons notre première unité de fabrication à Wuhan.

Après son implantation très réussie aux États-Unis, Bernard Streit fait le grand virage vers l'Est, où la construction automobile atteint aujourd'hui des records. Il s'implante en Chine et en Inde, là où se trouvent les plus grands fabricants mondiaux de faisceaux électriques.

Notre ambition est de prendre une part de marché correcte, pas davantage. Je pressens que la Chine est déjà en train de vivre ce qu'ont vécu l'Europe et les États-Unis : la migration vers des pays *low cost* pour bénéficier d'une main-d'œuvre meilleur marché. En arrivant avec un peu de retard par rapport à nos concurrents, nous sommes convaincus de pouvoir nous positionner de façon plus subtile.

Lors des révolutions arabes de 2011, nos usines au Maroc et en Tunisie ont connu des tensions. En Tunisie, la situation est devenue très difficile pour nos collaborateurs. J'y suis allé pour comprendre ce qui se passait exactement. Dans l'avion qui m'achemine vers Tunis, rares sont les passagers. Dans l'hôtel de trois cents chambres où je descends, une dizaine seulement sont occupées. Les chars sont devant l'aéroport. Le directeur de notre usine qui est au sud de Tunis, vient me chercher. À mon arrivée à l'usine, l'un des employés qui a perdu la raison car son frère a été tué par les forces de l'ordre, a des mots très violents à mon égard. Dans leur esprit, tous les patrons étaient comme Ben Ali, juste bon à jeter. Je leur ai dit que j'allais rentrer à l'hôtel et que si le lendemain ils ne me présentaient pas des excuses, je leur laissais les clés de l'entreprise pour qu'ils se débrouillent seuls. Le lendemain matin, j'ai demandé à ce qu'on apporte des chaises afin qu'ils soient tous assis. Assis, les gens sont moins agressifs. Nous avons commencé à établir la liste de leurs revendications et nous avons fait le tri entre ce qui concernait l'usine et ce qui était lié à leur révolution. À midi, pressentant que cela se passait plutôt bien, les femmes ont préparé thé et gâteaux dans la salle à côté. Nous sommes tous allés prendre le thé et la réunion s'est terminée dans une atmosphère conviviale et chaleureuse. Ils avaient apprécié que je vienne les voir pour discuter avec eux.

Mis au courant de ma visite, le ministre tunisien de l'Industrie qui ne voyait plus personne car plus aucun industriel ne venait en Tunisie, avait demandé à me rencontrer. Il me donna rendez-vous un samedi après-midi. Il y avait des blindés partout dans le quartier du ministère. Mon passeport à la main, je suis passé à travers le rideau de soldats sans que personne ne me demande rien. Dans le hall d'entrée dévasté, pas âme qui vive. Personne jusqu'au troisième étage où enfin je découvre une porte sur laquelle est inscrit « Secrétariat Général du Ministre ». Derrière la porte, un secrétaire est allé prévenir le ministre qui m'a aussitôt reçu. Bel homme d'une cinquantaine d'années, cet ancien ministre de Ben Ali avait l'air épuisé, les traits tirés, une barbe de plusieurs jours. Il devait à ses compétences d'avoir été intégré au gouvernement transitoire. Son principal souci était de savoir comment les Occidentaux, et en particulier les industriels, percevaient cette crise. Après l'entretien je suis redescendu par les escaliers, les ascenseurs ne fonctionnant plus. Le hall était toujours désert. Je suis reparti comme j'étais venu ! C'était impressionnant. N'importe qui aurait pu entrer et assassiner le ministre. L'armée faisait de la figuration. Avant que je reprenne l'avion pour la France mon directeur a tenu à ce que je vienne déjeuner chez lui. J'ai voulu acheter un bouquet pour son épouse. Au milieu des blindés et des manifestants, dans un quartier en état de siège, un marchand continuait de vendre ses fleurs.

Plus le monde s'ouvre, plus grande est la globalisation moins on a de chance d'avoir des conflits violents et des guerres dévastatrices comme ceux du XXe siècle. La mondialisation des affaires n'est pas décidée par un acte politique. De tout temps les hommes ont cherché à faire du commerce. Ce sont donc les inventions successives des hommes qui accélèrent le mouvement. C'est pour cette raison que la mondialisation est une bonne chose pour l'humanité si elle est solidaire. Évidemment dans nos vieux pays européens qui avaient l'habitude de se partager 80 % des richesses de la planète, le phénomène est mal accepté. Dans ce contexte, les entreprises ont un rôle important à jouer. C'est pour cette raison que dans nos *leadership meetings* nous avons travaillé sur des sujets comme le partage, l'aide aux habitants des pays où nous nous installons afin que les hommes et les femmes qui nous entourent deviennent de plus en plus autonomes. C'est le but de notre Fondation qui soutient des campagnes de vaccination, la scolarisation, le micro-crédit et l'aide à l'accession à un logement décent. Nous pouvons ainsi rendre les choses plus humaines et donner du sens à l'action des hommes et des femmes de Delfingen qui, j'en suis sûr, trouvent une fierté à participer de façon intelligente à cette mutation fantastique.

Un chef d'entreprise se doit d'expliquer clairement les motivations qui le poussent à globaliser son entreprise et faire croître son chiffre d'affaires d'une façon importante. Le fait-il pour la gloire ? Pour s'enrichir ? Pour la pérennité de l'entreprise ? En ce qui me concerne je ne cours ni après la gloire ni après la fortune. Dans ma mission de patron, je ne me sens investi que d'assurer la pérennité de mon entreprise. Pour répondre à ce changement mondial, nous avons besoin de grandir très vite. Comment s'y prendre ? Il faut savoir quel sens on donne à cette nécessité de toujours grandir quand on entraîne avec soi une communauté d'hommes et de femmes qui ont besoin de comprendre la politique de leur patron. Aujourd'hui, les salariés ont de plus en plus besoin de donner du sens à leur travail.

XI

Le monde de l'entreprise

La grande famille du village

Ma mère se souciait toujours de pouvoir fournir un petit travail à ceux du village, les veuves en particulier, qui subsistaient avec de maigres ressources. C'était souvent des recrutements malheureux mais qui, chez mes parents, partaient d'une volonté d'aller au secours de la veuve et de l'orphelin. J'en ai tiré une leçon : on ne recrute pas en fonction de la problématique que rencontre la personne mais en fonction de l'attente de l'entreprise. Cette prise de position marqua une évolution importante dans notre méthode de recrutement. Nous courtisions des jeunes entre seize et dix-huit ans avant qu'ils ne partent chez Peugeot. Puis peu à peu nous avons recruté à l'extérieur, ce qui fut mal perçu par les habitants d'Anteuil. Combien de fois, après cette ouverture vers l'extérieur n'avons nous pas reçu du maire ou du curé une lettre nous reprochant de ne pas avoir employé telle ou telle personne dans une situation précaire. Cela a duré jusqu'à la fin des années 1980. C'était alors une vision très paternaliste de l'entreprise. Aujourd'hui sur les deux cents salariés d'Anteuil, il y en a peut-être dix originaires du bourg. Et environ 90 % de nos mille huit cents collaborateurs sont répartis dans dix-huit pays. Avec l'internationalisation de notre personnel, notre effort a porté sur notre capacité à entretenir les valeurs de Delfingen et la force de sa culture d'entreprise.

—— La mafia du Honduras ——

Dès que nous pressentons un problème à l'étranger, nous nous rendons sur place pour le résoudre. Il nous est ainsi arrivé plusieurs mésaventures où intervenir au plus vite était une question de survie pour l'entreprise. Au Honduras, nous nous sommes frottés à la mafia locale. Quelques petits véreux utilisaient notre usine pour s'adonner à divers trafics. À l'issue d'un voyage aux États-Unis, notre directeur financier américain nous montre un email anonyme qu'il vient de recevoir. Le texte menaçant stipulait entre autre : « Cessez de nous mettre la pression. Ici un tueur coûte 50 dollars ». Situation insupportable. Plutôt que de rentrer en France, je décide avec un collaborateur de partir immédiatement pour San Pedro Sula. Avec l'assistance d'un avocat, nous sommes allés avertir le directeur que quatre de ses salariés étaient mêlés à un gros trafic et qu'il fallait impérativement les licencier. Étant lui-même le meneur des malversations, il s'est aussitôt inquiété de savoir comment nous avions été mis au courant. Je lui ai expliqué que les autorités françaises surveillaient tous les investissements faits à l'étranger et que c'était elles qui nous avaient avertis. Nous avons ainsi licencié les quatre employés dans le respect des lois du Honduras. Mais nous n'avons pas entrepris de procédure contre le directeur. Je suis rentré à Anteuil en me disant qu'après cet épisode, il prendrait peur et partirait de lui-même. Ce qu'il ne fit pas. Il monta au contraire toute une cabale pour que notre collaborateur français sur place n'obtienne pas son visa de travail et soit expulsé. Ce qui nous aurait fait perdre l'entreprise.

La situation s'est envenimée et m'a obligé à revenir au Honduras quelques semaines plus tard. Pendant plusieurs jours, je vais batailler avec notre avocat local, l'ambassade de France à Tegucigalpa, la capitale, et le ministère du Travail. La situation devient vite rocambolesque et dangereuse à tel point que l'ambassade met à ma disposition une voiture blindée avec chauffeur. Je serais amené sur le perron du ministère du Travail à dérober à notre avocat un dossier stratégique puis à m'enfuir pour apporter à l'ambassadeur ce document afin qu'il fasse le nécessaire auprès des autorités du Honduras. Notre collaborateur a reçu son visa de travail dans les temps. Les problèmes avaient commencé en 2005. En 2006, j'ai licencié le directeur qui, en plus d'être un mafieux, avait mis une ambiance délétère au sein des équipes. Depuis cette usine a retrouvé un bon niveau de performance.

—— Embaucher, licencier, deux exercices périlleux ——

Notre développement nous oblige à rechercher des hommes et des femmes de talent qui puissent avoir une dimension internationale. Il reste néanmoins très difficile, avec les informations données pour les entretiens d'embauche, de percer la vraie personnalité des candidats. C'est un exercice périlleux. Quand une entreprise comme la nôtre a une culture très forte, les greffons ont quelquefois aussi du mal à prendre. Pour diriger, un chef d'entreprise est face à la théorie des trois C : cerveau, cœur, courage.

Se séparer d'un acteur de l'entreprise reste la plus lourde et la plus difficile décision qui incombe à un chef d'entreprise. Prendre un collaborateur en face de soi, le regarder droit dans les yeux pour lui dire qu'il ne fait plus partie de la maison pour telle ou telle raison, sachant qu'il est marié, qu'il a une famille, tout en ayant à l'esprit que l'intérêt de la communauté prime sur l'individu… Cette décision est un lent processus. Je demande l'avis de mes collaborateurs. Je pèse le pour et le contre. Quand la décision semble irrévocable, la nuit précédente, je ne dors pas. Pourtant, un homme qui n'est pas capable d'affronter ce genre de décision, n'est pas un vrai chef d'entreprise. Licencier un salarié est le baptême du feu d'un patron. Je tente toujours de revoir ceux qui firent un jour partie de Delfingen, afin de ne pas rester sur une note négative.

Je suis bien plus à l'aise quand il s'agit de prendre d'importantes décisions pour l'entreprise, même si je suis taraudé par le doute. Mais tout chef d'entreprise doit douter. Prendre une décision qui aura un impact sur les années à venir dans un monde qui bouge à une vitesse fabuleuse invite forcément au doute. Une mauvaise décision peut anéantir des années d'effort. Bien sûr, je ne suis pas seul. J'ai toute une équipe qui réfléchit avec moi. Quand les avis ne sont pas partagés et que je dois trancher, là oui, c'est difficile.

Lorsque j'étais plus jeune, beaucoup de collègues me disaient « Bernard, tu fais peur » ! Je n'avais évidemment pas le sentiment de pouvoir effrayer quiconque. Un jour j'ai posé la question à mes deux garçons qui étaient encore jeunes. Leur réponse m'a sidéré. « Ah ! Papa, tu ne vois pas comme tu fais peur à tout le monde ! » J'ai été terriblement perturbé de cette mutation d'un homme timide en dragon terrifiant ! Pourtant je ne voyais vraiment pas ce qui en moi pouvait provoquer des craintes. Un jour j'ai rencontré à Paris, un homme qui avait pour mission la formation des douaniers et des policiers très spéciaux. Il leur apprenait un langage non verbal basé sur le comportement et la physionomie. Je lui ai demandé d'étudier mon comportement. Par une belle journée d'automne, il m'envoya me promener dans Paris comme un touriste, l'air décontracté pendant qu'il me filmait au téléobjectif. Après cette séance, nous sommes rentrés chez lui et avant de visionner le film, il a tenu à me prévenir : « Bernard, je vais vous montrer un film sur un officier SS qui se promène dans Paris ». Le film me révélait dans mon comportement, mes regards sur les gens, ma démarche. J'étais assommé. Il m'expliqua que j'avais le maintien d'un être qui avait été profondément timide, en retrait et qui s'était construit une carapace capable d'engendrer des craintes au point de tenir les autres à distance. Pour passer d'une phase de timidité maladive à la phase de chef d'entreprise, mon corps s'était forgé une attitude agressive. Je n'ai pas cherché à changer. Par contre je me suis senti beaucoup plus fort d'en avoir pris conscience.

—— La mort du paternalisme ——

Nous avons vécu ces dernières décennies une période d'accélération industrielle telle que le pacte social en a été profondément transformé, ce qui déboussole aujourd'hui beaucoup de monde, en France particulièrement. Autrefois, les vrais patrons, et j'aime particulièrement ce mot « patron », avaient à la fois des droits et des devoirs. Un bon salarié était assuré d'un emploi à vie. Les salariés étaient dévoués et le patron les protégeait, construisait des logements pour les héberger et les reclassait s'il leur arrivait un problème. Les enfants suivaient généralement la voie du père. Cette stratégie fut qualifiée de « paternalisme » par la gauche. Le choc pétrolier de 1973, puis l'ouverture européenne et enfin les accords de l'OMC ont marqué un point de rupture définitive. Les entreprises se sont retrouvées face à une concurrence telle avec le fulgurant développement de la globalisation, qu'elles ont dû faire d'importants plans de licenciements pour ajuster leur capacité de production. Des salariés qui avaient fait toute leur carrière au sein de la même entreprise se sont soudain retrouvés au chômage. Une fracture profonde s'est créée au sein même de la famille. Les fils voyant leur père ou leur mère ainsi remercié après tant d'années de bons et loyaux services, se sont montrés plus prudents. Cette période a marqué l'effondrement du pacte social. Plus aucune société ne pourra désormais garantir l'emploi à vie. Le nouveau pacte social doit mettre les entreprises en capacité de former leurs salariés à des situations nouvelles, de partir à l'étranger, d'apprendre à manipuler des outils de plus en plus compliqués, de préparer un éventuel changement de poste ou d'entreprise. On sent bien aujourd'hui que la jeunesse déboussolée attend ce nouveau pacte social. Une entreprise se doit de tout mettre en œuvre pour faire grandir et aider à se développer les salariés qui le souhaitent et leur ouvrir d'autres perspectives d'avenir au cas où ils devraient changer de travail. C'est en faisant grandir ses collaborateurs que l'entreprise assure sa pérennité dans un monde qui change et va changer à une vitesse toujours plus grande.

Pour progresser nous devons continuellement faire une sélection. C'est ce qui nous a contraints à nous séparer de bien des personnes. Certains pourraient nous reprocher de créer toutes les conditions pour augmenter nos profits. Nous avons aussi mis en place un système de partage de ces profits. Je ne me sens donc aucunement mal à l'aise avec ma conscience. Mais le capitalisme anonyme n'a que des droits et a oublié les devoirs. On pourrait dans cinquante ans faire le bilan de ce qu'a pu apporter le capitalisme familial comparé au capitalisme anonyme. Je suis révolté par les procédés des multinationales qui licencient à tour de bras. Ces entreprises ont une vision à court terme de leurs profits. Ce sont des machines à engendrer la révolte.

Le capitalisme rhénan fait la force des protestants et des Allemands. Il est basé sur une vision à long terme, un système de protection sociale très développé, un vrai partenariat avec les syndicats dont l'intérêt prioritaire est celui de leur entreprise. Ils tentent de limiter les conflits et non de les attiser comme nos syndicats qui s'érigent toujours en ennemis du patronat. Les Allemands ont réussi, et c'est ce qui fait leur force, à trouver un vrai pacte social, avec redistribution des richesses.

—— Au carrefour des intérêts ——

L'entreprise est un carrefour d'intérêts contradictoires. C'est un challenge permanent entre les intérêts des patrons, des salariés, des fournisseurs, des clients, de l'État et des actionnaires. Un dosage extrêmement compliqué à maintenir. La liberté de manœuvre du chef d'entreprise dépend de la qualité de son entreprise qui lui permet de pouvoir arbitrer entre tous ces conflits d'intérêts. Dans le capitalisme anonyme, le levier est tiré à fond du côté des actionnaires. Ce que ne peuvent évidemment pas supporter les salariés qui se sentent floués. Notre règle du jeu très claire, instaurée en 1984, prévoit de reverser 20 % des bénéfices nets aux actionnaires, 20 % aux salariés et de conserver 60 % en réserve de pérennité dans l'entreprise. Quand l'entreprise est prospère, il est important de savoir ce qu'elle fait de cette prospérité. Comment elle la met à disposition de ceux qui l'ont créée. Et la répartir de la manière la plus équitable possible pour ne pas détruire cette osmose qui s'est construite en son sein. Toutes les entreprises aujourd'hui sont confrontées à ce genre de problème. Cela je l'ai appris. Mais tous mes apprentissages ont été laborieux sans doute à cause d'un déficit d'études quand j'étais jeune. J'ai compensé par ma volonté de comprendre. Je ne suis pas allé à l'école longtemps mais j'ai été à l'école toute ma vie. Laurent Burel, un grand patron français dans le domaine de l'automobile (son père faisait 50 millions de chiffre d'affaires, il en fait à présent 5 milliards) disait en citant son père : « Pour réussir il faut être en bonne santé, avoir une femme compréhensive, avoir de la chance et travailler un peu plus que les autres parce que mon fils tu n'es pas plus intelligent que les autres ». Je dis toujours à mes deux fils si vous êtes persuadés qu'il y a plus d'intelligence dans la tête des autres que dans la vôtre alors la vie sera facile. Elle sera très compliquée si vous êtes persuadés d'être plus malins que les autres.

Le pouvoir entre les mains des financiers est une catastrophe pour l'entreprise. Pour moi, le financier n'est pas le moteur de l'entreprise mais le rétroviseur qui nous permet de voir ce que nous avons déjà fait. Lorsque je conduis, plus je vais vite moins j'ai besoin de rétroviseur. Ce n'est pas le financier qui construit la stratégie de l'entreprise. Si j'étais sûr de gagner en permanence suffisamment d'argent, je supprimerais le service financier. Je refuse que l'informatique et la finance prennent le pouvoir. L'une et l'autre ne sont qu'au service de l'entreprise. Par contre, plus on se rapproche du client et plus cela m'intéresse.

Le souci d'un chef d'entreprise est de savoir qui sont situés les hommes clés. Certains sont irremplaçables alors que d'autres sont interchangeables. La politique d'ajustement des effectifs au jour le jour est interdite chez Delfingen. Chez nous ce n'est pas une variable d'ajustement car il faut des années pour former ceux qui travaillent dans les ateliers et les services. La véritable performance d'un individu c'est de maîtriser son métier, certes, mais aussi de comprendre l'environnement dans lequel il est.

—— La solitude dans l'incertain ——

Me sentir épaulé par un fils profondément motivé et des collaborateurs très compétents m'est d'une aide formidable au quotidien. Il me serait difficile de revenir en arrière, aux années du début. Il est beaucoup plus compliqué d'être le patron d'une petite PME que d'une entreprise qui s'étoffe et se structure, l'avantage étant d'avoir autour de soi de plus en plus d'hommes de talent avec une motivation exceptionnelle. Bien sûr, la responsabilité finale me revient, mais auparavant s'y accrochaient tous les ennuis à tous les étages, du sous-sol au grenier. Lorsque l'on a comme moi passé sa vie à tout gérer, la difficulté par la suite est de savoir déléguer. On a d'autant plus de mal que l'on maîtrise quelque peu le sujet. Mais ne pas déléguer est le meilleur moyen de perdre ses plus talentueux éléments. Ils n'accepteront pas de ne pas être en confiance pour imposer leurs connaissances et leur savoir-faire. Le chef d'entreprise doit *in fine* être celui qui, libéré des problèmes annexes, prend les décisions qui vont faire évoluer l'entreprise dans les années futures. Cette incertitude est source d'angoisse permanente. La peur de l'inconnue. « Que dois-je faire aujourd'hui pour exister demain ? »

Dans l'*Essai sur la nature du commerce en général*, écrit par Richard Cantillon aux alentours de 1720, contenant la première théorie de l'« entrepreneur », l'auteur le définit comme « une personne vivant à l'incertain ». Andreu Solé dans une mention citant ce texte, écrit que « la compétence majeure, distinctive, du dirigeant d'entreprise est non pas sa faculté d'analyse de la réalité, sa capacité à s'informer, sinon son acceptation de l'incertitude, sa tolérance à celle-ci. L'incertitude inhérente à la direction d'une entreprise n'est-elle pas – toujours – totale (peut-on sérieusement, prévoir les réactions des clients, du personnel et des concurrents, les événements sociaux ou géopolitiques affectant le marché) ? Pour diriger l'entreprise, n'est-il pas, plus que jamais, hautement nécessaire de savoir résister (intellectuellement et physiquement) à cette incertitude ? Cette approche s'oppose au modèle d'enseignement et de recherche qui prévaut dans les écoles de gestion partout sur la planète – celui importé des États-Unis. » Je partage cette vision. De ce fait, un chef d'entreprise est en perpétuelle réflexion. Pour ma part, je ne suis jamais en repos. Les vacances sont un calvaire pour moi. Au bout de trois jours je deviens fou. Je me suis tellement investi depuis quarante ans que je ne fais plus de distinction entre ma personne et l'entreprise. Je suis Delfingen ! Et je n'imagine pas prendre ma retraite. Le seul endroit où je ne travaille pas, c'est dans un avion où je prends le temps de lire, de voir les films que je ne verrais jamais autrement, ou tout simplement de réfléchir.

Mais il va bien falloir un jour faire la passation de pouvoir avec mon fils et donc prendre mes distances. Je me demande comment remplir cette période de vie après la retraite ? Que vais-je pouvoir faire qui puisse m'occuper suffisamment pour m'éloigner de l'entreprise ? Après la coupure avec cette drogue à haute dose que l'on a absorbée pendant tant d'années, certains patrons ne trouvent plus de nouveau souffle et se racornissent très vite. Etre un chef d'entreprise nécessite une solide santé mais cette activité maintient aussi en bonne santé. Je me sens encore très bien et ne crois pas à l'accident cardiaque qui pourrait me guetter. L'action a toujours été un moyen de résorber le stress. Mais il m'envahit dès que je suis dans la phase de réflexion. Lorsque j'ai traversé de graves crises au sein de l'entreprise, le plus dur à vivre était le passage du week-end. J'avais des collaborateurs dont je me suis vite séparé qui avait la fâcheuse habitude le vendredi soir de me faire part de problèmes pour que j'y réfléchisse, disaient-ils, pendant le week-end. C'était leur manière de s'en débarrasser pour passer un agréable week-end. Celui qui prend ce genre d'initiative n'est pas digne d'être à un poste de responsabilité. Pendant deux jours, jusqu'au lundi matin, dans l'incapacité de passer à l'action, avec en plus des informations fragmentaires, je passais par des crises d'angoisse atroces. Il faut apprendre à se préserver les uns les autres. Aucun de mes collaborateurs aujourd'hui ne s'aviserait de me faire une chose pareille. Un des éléments clés pour être chef d'entreprise est de savoir comment on est capable de résister à la pression et à l'inconnu. Il arrive une nouvelle information toutes les deux minutes et à chaque fois tout l'environnement change.

—— Le Fil Rouge ——

Je ne crois pas qu'il y ait de différences significatives entre les patrons autodidactes, créateurs de petites structures et les PDG hautement diplômés à la tête de multinationales. Je citerais à nouveau André Solé qui écrit très justement : « La différence se situe au niveau du discours, les dirigeants issus des grandes écoles maîtrisant des rhétoriques sophistiquées (le discours stratégique notamment) leur permettant de mieux justifier leurs décisions et finalement, de mieux nier leur responsabilité personnelle ». Là sont résumés une bonne partie des problèmes des Occidentaux aujourd'hui. Avec ce genre de fonctionnement on devient des épiciers. Les patrons des grands groupes, les patrons des états, des ministères sont des épiciers. Par leur rhétorique, ils font croire que c'est par leur capacité d'analyse et de synthèse qu'ils arrivent à la décision. Ils se pensent des grands stratèges mais ils ne décident de rien. À l'inverse, les patrons italiens de Fiat se sont précipités pour racheter Chrysler après l'échec des Allemands et ont ainsi sauvé Fiat. Peugeot aurait pu faire la même chose, Fiat étant bien plus malade que lui. Les trois ou quatre patrons partis à l'assaut de Chrysler, devaient avoir des grands-parents qui ont dû émigrer pendant la guerre. Ils n'ont pas eu peur de reproduire le même schéma en refermant ainsi la boucle. J'en suis intimement convaincu.

Un jour, j'ai eu l'occasion de rencontrer le patron en charge de la construction de l'usine Renault à Tanger au Maroc. C'est un des plus gros investissements qu'il y ait eu en Afrique du nord. J'étais allé voir cet homme, Faivre-Duboz, afin qu'il nous accorde un nouveau bail sur les bâtiments de Renault à Casablanca. Après avoir traité du sujet qui m'amenait, je lui ai posé des questions sur sa vie. Il me raconta être originaire d'un petit village de Franche-Comté que ses parents avaient quitté pour s'établir au Maroc. Son père s'était usé la santé à développer une orangeraie. Après l'indépendance, ils ont été expropriés, chassés de leur terre, lui, encore gamin, a été parqué dans une villa avec sa mère avant qu'ils ne soient ramenés en France comme du bétail sur un bateau. Quand il eut terminé son récit, je lui ai dit que j'admirais son patron qui ne pouvait pas avoir mieux choisi en l'envoyant lui au Maroc pour construire la nouvelle usine car « vous avez envie de refermer la boucle » ai-je conclu. J'ai vu son regard se troubler. J'avais mis le doigt sur sa vraie motivation. Cet homme ne pouvait pas échouer tant son besoin de revanche était grand. Le souvenir de ses parents l'habitait. Sa rage était dans l'irrationnel. Par la suite, il s'est créé entre nous un lien formidable.

En 2008, Porsche, un des plus petits constructeurs automobiles, a décidé de racheter le géant Volkswagen. Le monde de l'automobile s'est demandé comment Porsche pouvait oser se lancer dans un tel défi. La raison pour moi était simple. Ferdinand Porsche, le grand-père des patrons d'aujourd'hui, a été le créateur de Volkswagen. Son petit-fils était sur le point de racheter l'entreprise mise au monde par son grand-père. Mais la crise de 2008 a anéanti son rêve et c'est Volkswagen qui a racheté Porsche. Il y a toujours un fil rouge qui relie une histoire à une décision qui paraît irrationnelle. Ensuite seulement on rentre dans l'action rationnelle.

« Vous savez pourquoi vous êtes parti à l'international ? » m'a demandé Michel de Massougnes. J'ai mis des mois avant d'arriver à la réponse. « Vous avez fait le même chemin que votre grand-père venu en France reprendre une exploitation agricole sans même connaître la langue. Vous avez voulu reproduire le même schéma ». Le monde des affaires prétend être dans le rationnel, le seul critère en ce domaine qu'on écoute. Mais souvent les décisions sont prises de façon totalement irrationnelle. Puisque mon grand-père l'avait fait, inconsciemment, développer l'entreprise à l'international était pour moi dans le domaine des possibles. Cette façon d'aborder une stratégie casse le mythe du chef d'entreprise visionnaire ou fin stratège. Bien souvent il est habité par tout autre chose, le champ des possibles et de l'impossible, fruit de son histoire personnelle. Bien sûr, cela nécessite ensuite de travailler sur les aspects rationnels liés au monde des affaires.

Ce sont des motivations profondes, souvent inconscientes, qui poussent les hommes vers des actions que personne ne comprend ou ne cherche à comprendre. C'est toujours le même moteur qui les anime. Une revanche après l'humiliation. La revanche est le moteur qui anime mais il devient auto-destructeur si par la suite il devient le seul motif à l'action. L'objectif est surtout de refermer une boucle. C'est pourquoi j'ai la photo de mon grand-père dans mon bureau. Je la regarde plus particulièrement quand j'ai un problème.

XII

Vers le Soleil Levant

Une percée vers l'Asie

J'ai toujours conservé un souvenir fasciné du Japon où j'avais passé deux semaines en 1985. Au niveau humain comme dans l'organisation, j'ai été fortement impressionné par le pragmatisme des Japonais et leur grande flexibilité. En créant un esprit de confiance, ils motivaient fortement leurs collaborateurs. En 1985, nous, les Occidentaux, sortions à peine du taylorisme. Mon voyage au Japon a été très déterminant pour ne pas me laisser entraîner dans l'organisation industrielle européenne avec pour base la recherche de la productivité à tout prix.

Pourtant, dans les années qui suivent, l'Asie ne fait pas partie de mes préoccupations. Je me concentre à développer l'entreprise là où migrent les fabricants de faisceaux électriques automobiles. Jamais ne m'est venu à l'esprit qu'un jour la croissance exponentielle du marché automobile s'établirait dans le Sud-est asiatique et en Extrême-Orient.

Juste après le rush de notre introduction en bourse en 1996, un ami indien vivant en France nous propose de nous emmener pour un voyage d'agrément en Inde. Pour Françoise et moi, c'est une découverte qui nous laisse épuisés physiquement et moralement. Une misère que nous n'avions jamais vue nulle part ailleurs. Des hôtels sales. Une atmosphère lourde. Jamais nous n'avions fait un voyage aussi éprouvant. Je n'y suis retourné que quinze ans plus tard mais avec un unique objectif, celui d'y développer des affaires. Le pays en phase d'évolution m'intéresse pour les acquisitions que je pourrais y faire. Nous achetons l'entreprise Kartar, basée à Pune, en 2013. En la visitant la première fois, je suis frappé par le décalage entre leurs outils de production très sophistiqués et l'état plutôt délabrée de l'extérieur. Cela me rappelle les débuts de notre entreprise avec les toilettes au fond du jardin, le puits pour l'eau. Peut-être qu'une personne qui n'aurait pas eu la même histoire que moi ne l'aurait pas achetée.

La montée en puissance de l'Asie nous oblige à repenser les choses différemment. Les Asiatiques sont beaucoup plus pragmatiques que nous. Pour faire le parcours qu'ils ont fait en si peu de temps, ils ont été profondément motivés. Leur capacité à passer à l'action est phénoménale. Rencontrer des patrons comme Mittal et Tata me passionnerait. Ce sont des mystiques qui ne prennent pas les décisions fondamentales en regardant les comptes. Il y a dans l'histoire du monde tant de choses qui nous échappent, une force qui nous dépasse, des gens capables de soigner juste en imposant les mains. Nous avons suivi une formation pour savoir comment aborder l'univers des affaires en Inde. Se départir de nos façons de penser, de notre monothéisme pour entrer un tant soit peu dans la culture de l'autre est extrêmement difficile. Nous le faisons systématiquement lorsque nous cherchons à nous implanter dans un pays, surtout en Asie. C'est très précieux en phase de négociation car si l'on ne comprend pas un mode de fonctionnement lié à une histoire et à des croyances, on peut faire des erreurs irréparables. Les Indiens et les Chinois ne disent jamais non. Même s'ils ne sont pas d'accord. Alors comment comprendre ? Et si on ne l'a pas compris, on est dans une situation fort inconfortable. Lors d'une acquisition, nous arrivons à deux ou trois pour la première phase de négociation. Puis, si cela se passe bien, nous poursuivons dans la construction de la relation. Tout cela en respectant bien sûr les engagements de confidentialité pris avec le partenaire. Quand on arrive au « closing », c'est-à-dire au paiement et au transfert de propriété, vient le moment du face à face avec le personnel. Il faut alors avoir un peu étudié la culture du pays pour se mettre en phase avec eux et commettre le moins d'erreurs possibles. Partout où nous allons, nous restons avant tout français. Quand nous arrivons, nous serrons la main de tout le monde ce qui en choque parfois certains, surtout dans les ateliers. Pourtant, malgré nos différences, nous sommes capables d'entreprendre des choses en commun. L'important est le respect de l'autre.

Des structures mentales complexes

L'énorme difficulté que nous rencontrons pour être rentable sur le territoire français m'amène à penser que nous n'agrandirons pas l'usine d'Anteuil. À la fin des années 90, nous avions imaginé toutes les extensions possibles de nos usines sur la réserve foncière que nous possédons derrière les bâtiments actuels. Mais l'accélération de la mondialisation nous a amené à voir notre croissance différemment.

Une grande partie de la production d'Anteuil de sous-produits ou de produits très techniques est acheminée vers nos filiales à l'étranger. Sur les cent soixante-dix personnes de l'entreprise qui travaillent à Anteuil, cent sont des prestataires de services pour les usines à l'étranger. Il en reste soixante-dix à la production. Nous nous battons pour conserver cette unité de production, cette enclave où réside le centre des compétences. S'il n'y a pas d'usine de production à côté des créatifs qui doivent apporter des solutions aux autres usines, on assèche les compétences. On a donc à Anteuil une production pour nos filiales à l'étranger, et nous avons un marché purement régional, français, pour la production de protections de tubes de distribution d'eau chaude ou froide dans le bâtiment. Ce n'est pas un énorme marché mais une priorité pour garder une activité sur le territoire français.

Le cœur de Delfingen est à Anteuil. Toutes les réunions importantes de collaborateurs se font sur le site pour avoir une unicité de temps, de lieu et d'action.

La culture française n'est pas simple. Quand on part de France vers les États-Unis, on part d'une organisation humaine relativement complexe pour aller vers quelque chose de beaucoup plus simple et pragmatique. Les Américains sont plus libéraux, ont un rapport à l'argent très différent du nôtre. Quand le Français va vers l'Est, il se pose sur une autre planète. Dans les pays d'Asie, tout se complique puisqu'ils sont radicalement différents de nous. Quand l'Occidental veut d'abord tout rédiger noir sur blanc, l'Asiatique investit dans la relation qui doit mener à la confiance. Au Japon ou en Chine, le patron est intouchable alors qu'en France on peut le contredire, le contester, chose impensable en Asie.

Notre implantation en Extrême-Orient va dépendre de notre capacité à nous faire homologuer par les constructeurs. On a des homologations pour leur production européenne mais peu encore pour produire pour les câbleurs asiatiques. Nous avons ouvert un bureau au Japon pour rencontrer régulièrement les constructeurs japonais et obtenir ces fameuses homologations. Les Japonais sont très respectueux de leurs engagements, très attachés à la relation et à la confiance qui se construisent à petits pas. La vraie confiance se construit à l'épreuve du feu. La réussite de Delfingen à l'international vient de sa simplicité, de son humilité, de son respect, de son écoute.

Pour structurer un Occidental, on part de la loi puis on va vers la raison et enfin la relation avec l'autre qui reste très pauvre. Notre système éducatif ne nous apprend rien du relationnel à l'autre. L'Asiatique commence par développer la relation avec l'autre, puis la raison de la relation et en dernier vient la loi. Dans les affaires, il est primordial de comprendre ces modes de fonctionnement. Pour nous Occidentaux la relation avec l'autre nous demande toujours un effort car nous n'y sommes pas préparés. Nous avons une lacune profonde. Nous sommes des handicapés du relationnel.

Voyage en Asie

En octobre 2013, j'ai suivi en Inde et au Japon Bernard Streit et son équipe, Damien Personeni et Gérald Streit. Une grande première pour moi qui ne suis jamais partie en « voyage d'affaires ». Dans ce genre d'expédition qui enchaîne des rendez-vous pris longtemps à l'avance avec des grands patrons, il est nécessaire que tout soit bien préparé, les vols confirmés, les hôtels réservés. Dans ce timing précis et serré, une journée supplémentaire est toujours prévue pour rebondir en cas de problème. Bien sûr, ce serait plus facile et plus reposant de voyager en first ou en business class mais le coût de tels voyages n'est pas compatible avec les marges de Delfingen dont le budget voyage annuel atteint déjà des montants conséquents. Bernard Streit n'ose imaginer ce que cela lui coûterait si ses collaborateurs autant que lui-même s'installaient en classe affaires. Il préfère investir ce budget dans ses usines.

Arrivé à Mumbai à 23h30. Le premier rendez-vous est le lendemain matin à 7h30 avec un concurrent indien. « Le paradis pour moi, ce serait un monde sans concurrent » ironise Bernard avant l'arrivée des représentants de l'entreprise dont il va racheter les machines. La devise de Delfingen c'est acheter localement, produire localement, vendre localement afin de servir le client au plus près et réduire au minimum les coûts de transport.

À 10 heures, vol pour Pune. Bernard Streit rend visite à l'entreprise Kartar qu'il vient d'acquérir et prendra bientôt le nom de Delfi ngen Inde. Nous sommes accueillis par tout le personnel qui offre à chacun un bou-quet de fl eurs avant la visite des locaux modestes et peu pratiques au cœur d'un quartier populaire. S'ensuit une réunion avec les dirigeants de Kartar pour établir les objectifs. Le déjeuner est servi à 15 heures dans la salle de réunion qui se poursuit avec l'arrivée du représentant de l'entreprise américaine Johnson Controls, le plus grand groupe mondial de fabrication de sièges automobiles. Delfi ngen l'a sollicité car Kartar fabrique aussi un système permettant d'adapter les housses aux sièges. Une activité nouvelle pour l'entreprise française qu'elle va tenter de développer.

Le marché en Asie est sur la pente ascendante, les prix sont corrects et les taux d'intérêt très bas. Pour Bernard Streit, c'est le moment de se positionner.

Le lendemain à 11 heures, rendez-vous sur le site de Yazaki à Pune pour présenter au directeur le projet d'implantation de Delfingen à Chennai en Inde. L'objectif est de développer son business avec ce géant mondial du câblage : 220 000 employés à travers le monde et 15 milliards de dollars de chiffre d'affaires par an. La tension dans la salle de réunion est palpable. Le directeur général est un parfait japonais tout en retenue et sourire contraint. Bernard Streit veut convaincre son interlocuteur d'être le seul fournisseur de Yazaki Inde. Il n'hésite pas à se lever et à prendre la parole avant la fin de la réunion. Cette montée au créneau dans un anglais bredouillant m'ébahit. Mais tout le monde a compris et Bernard Streit offre son petit pot de miel au Japonais en lui serrant fortement la main. Il apprendra quelques mois plus tard que Yazaki Inde n'a pas retenu sa proposition.

À 2 h 45 du matin, nous sommes dans l'avion pour Tokyo, via Séoul. Arrivée au Japon à 17 h 25 heure locale. Demain dimanche, jour de repos. Dès lundi matin, préparation des réunions qui vont s'enchaîner pendant une semaine. Mardi matin nous quittons Yokohama par le Shinkansen, le formidable TGV japonais, pour rejoindre Hikane sous une pluie battante. Un grand meeting est prévu avec le groupe Furukawa, autre grand acteur mondial dans les faisceaux électriques automobiles. Salle immense où une quinzaine de Japonais nous font face. Me surprend la solennité de l'accueil après l'échange rituel des cartes de visite. Les enjeux sont fondamentaux pour Delfingen. L'équipe de Bernard Streit est calme et concentrée. La présentation dans un anglais irréprochable de l'entreprise et de ses produits par Damien Personeni est d'une éblouissante clarté. Après plus de trois heures, la réunion s'achève par la visite d'une partie de l'usine ultra moderne de fabrication de faisceaux électriques Le soir nous retrouvons au dîner Jack Murota, à l'époque Président de Furukawa Automotive Systems, qui ne put assister à la réunion à cause d'un lumbago. Bernard et Jack se connaissent pour s'être rencontré un an plus tôt. Ils s'apprécient et leur point commun est d'être né le même jour.

J'ai eu la possibilité quelques mois plus tard de revenir au Japon m'entretenir avec Jack Murota.

« Le premier contact entre Delfingen et Furukawa s'est fait à Cebu aux Philippines. Notre collaboratrice qui fut reçue par Bernard Streit a été tellement touchée par le pot de miel qu'il lui a offert qu'elle nous l'a recommandé. Il est rare de rencontrer dans les affaires un homme aussi délicat, aussi attentionné. Il a réitéré la même chose lors de notre première rencontre alors que nous n'étions que des clients potentiels.

Dans le domaine industriel, acheter des produits étrangers impose d'obtenir les homologations. Et malheureusement cela prend du temps. Les certificats sont remis aux assureurs qui n'aiment pas beaucoup les changements de fournisseurs. Nous devons aussi avoir l'accord de nos clients, les constructeurs automobiles. Notre tâche est donc de les convaincre du bien fondé de changer de fournisseur. Avec Delfingen nous sommes dans cette procédure. Dès que les homologations seront validées, nous allons bien sûr travailler ensemble. À l'image de Delfingen, nous sommes en marche vers la globalisation. Le Japon n'est plus fermé aux entreprises étrangères. À partir du moment où un fournisseur fabrique de bons produits à des prix compétitifs, peu importe qu'il soit japonais, européen ou américain.

J'ai rencontré Bernard Streit pour la première fois lors d'un meeting à mon bureau le 12 octobre 2012, jour de mon anniversaire. Il y eut à cette occasion un quiproquo intéressant. Bernard Streit s'est avancé vers moi pour me dire que c'était un jour très spécial et j'ai cru qu'il allait me souhaiter mon anniversaire tout en me demandant comment il avait pu en avoir connaissance. Pour ma plus grande surprise, il m'annonça que c'était son anniversaire ! Nés le même jour ! Cela a aussitôt créé un lien entre nous. Il est revenu le 12 octobre 2013, les bras chargés de cadeaux. Je n'oublierai jamais cette magnifique soirée. Instantanément, cet homme m'a inspiré confiance.

Il m'a invité à Anteuil pour le 60e anniversaire de Delfingen, et j'espère de tout cœur pouvoir y aller. Je partage son histoire et respecte sa façon de penser. En seulement deux rencontres nous avons soudé une relation très forte. Sa philosophie, sa manière d'approcher les choses et les gens sont très semblables à celles des Japonais. Il comprend très bien notre mentalité et nos rites. Je suis très impressionné par son engagement à assurer la pérennité de son entreprise. Il met tout en œuvre pour que Delfingen se perpétue de longues années. Il contribue au bonheur et au bien-être de la société, cherchant à rendre heureux celui qui fabrique, celui qui vend et celui qui achète. Il a dû beaucoup réfléchir pour offrir à ses employés les meilleures conditions de travail qui soient. Il a dû aussi se poser beaucoup de questions pour savoir comment rentabiliser au mieux son entreprise, comment lui assurer la pérennité et comment motiver son personnel pour le rendre plus productif. Son esprit est clair et ses objectifs bien établis. Il déploie une surprenante énergie à saisir toutes les opportunités sans jamais les lâcher. Ses salariés doivent être heureux de l'avoir comme président. Son fils est sur la voie du devenir. J'ai une admiration sans limite pour Bernard Streit. Il représente un idéal humain vers lequel je suis instinctivement attiré. C'est un être rare doté d'un charisme exceptionnel ».

Le lendemain matin, nous reprenons le train via Yokkaichi, au sud de Nagoya pour un important meeting avec le groupe Sumitomo, deuxième mondial dans le faisceau automobile. Même rituel cérémonieux avec échange de cartes et salutations courtoises. Les enjeux pour Delfingen sont les mêmes. Ce jour-là, il s'agit de convaincre de la qualité de ses produits et de sa volonté d'implantation en Asie le tout puissant patron des achats que Bernard Streit rencontre pour la première fois. Au Japon, peut-être encore plus qu'ailleurs, les exigences sur la qualité des produits sont élevées : réduire les composants, réduire le poids, réduire le temps d'assemblage et développer des produits écologiques. Ce à quoi travaille en permanence le bureau d'études d'Anteuil. Parmi les responsables japonais présents, Hirao Watanabe, Project Manager Components Procurement, Sumitomo Wiring Systems, un familier de Delfingen que je croiserai à nouveau quelques mois plus à tard dans son bureau à Yokkaichi.

« Je connais Bernard Streit depuis 1992. Nous n'avons fait que nous suivre à travers nos implantations sur les différents continents sans travailler ensemble à cette époque car il n'était pas sur le marché international. Il commençait à s'implanter aux États-Unis mais pas en Asie. C'est seulement l'année dernière qu'il a ouvert, sur mes conseils, un bureau au Japon. C'était la seule façon d'y avoir une visibilité.

L'Asie est l'ultime marché pour Delfingen. Mais il faut savoir que le monde des affaires au Japon est assez singulier, je dirais même unique dans sa façon de fonctionner. Il est très difficile d'y pénétrer. La langue y est déjà un grand obstacle. Le mode de fonctionnement des fournisseurs est lui aussi très différent. Au Japon, ils grandissent ensemble et forment une sorte de famille, alors qu'en Europe ils se font une concurrence acharnée. C'est aussi très compliqué pour les fournisseurs étrangers de comprendre les normes des produits dont les constructeurs japonais ont besoin. Les Japonais exigent une qualité bien supérieure à ce que peuvent fournir les Occidentaux. Depuis peu, ils cherchent à externaliser certains produits et donc s'ouvrent aux marchés internationaux. Ils demandent aux fournisseurs d'être puissants sur leur marché et de fournir beaucoup d'autres constructeurs. C'est une nouvelle opportunité qui s'ouvre pour Delfingen.

Sumitomo travaille sur l'ensemble du marché automobile japonais et a l'ambition de progresser de 30 % sur le marché des faisceaux électriques d'ici à cinq ans. Notre objectif est de développer nos marchés avec les constructeurs européens comme Volkswagen et Renault, Fiat, Peugeot ou des constructeurs américains comme Chrysler et Ford.

Le grand problème de l'Europe et ce qui l'empêche de sortir de la crise profonde où elle est enlisée, c'est qu'elle n'est pas unie et n'a pas de vision globale. Chaque pays reste nationaliste et indépendant avec pour seul point commun la monnaie. Le Japon est une île isolée avec une frontière très forte, la mer. Cela a donné à la population une mentalité extrêmement différente de celle des Européens. Nous avons dû forger nos propres protections.

Bernard Streit ne parle pas très bien l'anglais mais j'ai toujours apprécié sa volonté de maintenir avec moi un contact étroit et profondément humain. J'ai tenté de l'aider à comprendre ce qu'il devrait faire pour atteindre Sumitomo. Et il a parfaitement saisi les enjeux. En tant qu'entreprise familiale, Delfingen peut montrer certaines faiblesses dans les prises de décision. En comparaison, ses concurrents dirigent les affaires avec davantage de rapidité et de rationalité. Cependant j'apprécie la politique de développement mise en œuvre chez Delfingen. Bernard Streit investit sur le long terme, ce qui fait la force de son entreprise ».

De retour à Tokyo, nous sommes reçus par Shinji Yazaki, le Président de Yazaki, premier groupe mondial dans le faisceau électrique automobile, pour une audience privée. Plus d'une heure d'échanges sur l'univers de l'entreprise et de la globalisation du monde. Shinji Yazaki et Bernard Streit sont tous deux présidents d'un groupe familial et partagent une philosophie commune sur la gestion d'une entreprise et les enjeux de la transmission.

En février 2014, Shinji Yazaki a accepté de me recevoir à nouveau à son bureau de Tokyo pour 1 h 30 de discussion informelle.

« Mon grand-père avait une entreprise de filage au centre du Japon. Malheureusement, il n'a pas réussi à la conserver. Son fils Sadami, mon père, a été contraint de venir à Tokyo pour tenter de trouver d'autres débouchés. En 1929, à l'âge de 18 ans, il a démarré la fabrication de câblages électriques pour automobile dans un Japon en pleine expansion industrielle. Mon frère Yasuhiko et moi-même n'avons fait que développer cette entreprise aujourd'hui numéro un mondial dans le domaine des faisceaux électriques automobiles.

Mon père n'avait pas comme unique objectif de gagner de l'argent. Il se préoccupait beaucoup des autres et ne cessait de se demander ce qu'il pourrait faire qui bénéficie à la société. Ce fut toujours et aujourd'hui encore la préoccupation de notre entreprise. Que pouvons nous faire pour rendre meilleure la vie de ceux qui nous entourent est une question que nous ne cessons de nous poser. Mon père, homme visionnaire et ambitieux, se fixait en permanence des objectifs à atteindre. Il a passé sa vie à travailler très dur. Nous ne faisons que suivre son exemple.

Nous faisons partie intégrante de la mondialisation. Il est donc important d'être pleinement conscient de tous les changements qui se produisent autour de nous. Nous devons être à même de nous y adapter. Les iPhones, les ordinateurs, les iPads, tous ces objets ont changé les concepts mêmes de nos vies. La question est de s'interroger sur la raison de tous ces changements. Mon père n'a jamais cessé de penser à l'avenir, à ce dont les autres pourraient avoir besoin plus tard, à la manière de réaliser leurs rêves et par là même ses propres rêves, tout en étant attentif à la façon de résoudre les problèmes jour après jour. C'est ce que nous continuons à faire aujourd'hui.

Nous imaginons l'avenir dans dix ans, dans cinquante ans. Aurons-nous suffisamment de nourriture ? d'air ? Dans quel monde souhaiterions-nous vivre ? Et que pouvons-nous faire pour contribuer à toutes ces mutations ? Pour construire ce monde de 2050, chez Yazaki, nous nous posons la question de savoir de quelles technologies, de quelles nouvelles industries aurons-nous besoin ? Quelles stratégies devrons-nous mettre en place ? Quelles sont les actions à entreprendre pour atteindre notre cible ? Nous nous devons d'être des visionnaires. J'ai demandé à un grand constructeur automobile quel genre de voiture il rêverait de construire dans l'avenir ? "Une voiture qui n'aurait jamais d'accident, qui nettoierait l'air au lieu de le polluer, et qui, plus vous la conduiriez, plus elle vous maintiendrait en bonne santé. Ce sont mes trois objectifs" a-t-il répondu.

Mon père m'a éduqué en me disant que les rêves devaient un jour devenir une réalité. Il m'a aidé à être l'homme que je suis aujourd'hui en m'obligeant toujours à me fixer des objectifs en incluant la question fondamentale de savoir ce que l'on peut faire pour les autres.

Si je n'avais pas rejoint Yazaki, je serais rentré dans l'armée afin de protéger notre pays. Mais au fond je n'ai pas vraiment eu le choix. Mon père attendait que je le rejoigne et en avait averti tout le monde avant même que je sois en âge de prendre quelque décision que ce soit. Bien sûr personne ne m'a forcé mais tous autour de moi espéraient me voir suivre cette voie. Mon père a toujours attendu de tous les membres de notre famille qu'ils participent à l'évolution de l'entreprise. Même durant les vacances, il insistait beaucoup pour que ses enfants, mon frère, mes deux sœurs et moi, allions travailler à l'usine. Ma mère, originaire d'une famille très riche, ce qui n'était pas le cas de mon père, a toujours beaucoup aidé et soutenu son mari. Nous étions une véritable entreprise familiale. Dans tous les sens du terme.

Aujourd'hui se pose une question très difficile pour nous. Devons nous persister à rester une entreprise familiale ? Qu'est-ce que signifie exactement « affaire familiale » ? Quel est l'objectif de conserver l'entreprise en tant qu'entreprise familiale ? Quel est au fond l'objectif de faire une chose plutôt qu'une autre ?

De mon point de vue, je ne pense pas que nous voulions conserver Yazaki en entreprise familiale. Notre objectif est de contribuer à la vie de la société et de tenter de résoudre les problèmes qui se posent à travers le monde. Si dans cette perspective il est important de rester une entreprise familiale, alors oui nous le resterons. Une entreprise n'a pas pour fonction de seulement gagner de l'argent. Une entreprise est là pour apporter des solutions à des problèmes de société. Nous demandons à nos banquiers, à nos employés, à nos actionnaires de partager nos objectifs. En tant qu'être humain, notre bonheur individuel est moins important que celui que l'on peut apporter et partager avec les autres.

Au sein de Yazaki, nous communiquons sur nos valeurs et la politique du groupe. Chaque nouvel arrivant est instruit de ce que sont nos stratégies et nos priorités. Avoir conscience que leur travail apporte du bien-être aux autres doit les aider eux aussi à grandir et à s'épanouir. Chez Yazaki Japon, nous avons deux cents universitaires chargés de former le personnel. Je les ai moi-même tous rencontrés et interrogés. Tous les ans, nous invitons trois cents enfants d'employés travaillant à l'étranger à venir au Japon pour visiter nos usines. Nous leur expliquons et montrons dans quel univers leurs parents travaillent. Nous faisons la même chose avec les enfants japonais que nous envoyons chaque année visiter nos usines à l'étranger afin qu'ils perçoivent ce qu'est l'entreprise Yazaki et ses valeurs.

Dans un monde globalisé qui change à une vitesse folle, Yazaki doit changer, nous devons tous changer et nous adapter. Pour changer, nous avons besoin d'apprendre et d'étudier. C'est notre objectif dans la formation que nous apportons à notre personnel. C'est par ce biais que la transition industrielle peut se faire.

J'essaie de convaincre mon entourage que la globalisation n'est pas le partage de nos valeurs avec les autres. La globalisation, c'est de comprendre les différences entre les peuples, d'être flexible et d'accepter les divergences avec l'autre. C'est dans ce respect et cette acceptation que nous pourrons construire ensemble un monde de vrai partage. Penser globalement, agir localement. En ce sens la globalisation est positive. Dans chacune de nos usines à l'étranger nos méthodes de travail s'adaptent à l'environnement local. Ces distinctions ne nous empêchent en rien de nous développer hors du Japon. Il suffit de nous ajuster à ce qui fait la spécificité d'un pays et de ses travailleurs.

Pour nous, le terme "Gemba" signifie l'endroit où l'action se déroule. Là où il faut être. Prendre des décisions dans un bureau c'est très bien mais aller sur le terrain pour se rendre compte est la seule façon de comprendre et percevoir si les mesures que l'on a prises ou la politique que l'on a mise en place cadrent avec la réalité. Un chef d'entreprise se doit d'aller à la rencontre de ceux qui travaillent pour lui. Les théories apprises dans un livre ne suffisent pas pour faire fonctionner une entreprise. La relation avec le personnel est nécessaire. C'est dans cette perspective que je ne cesse de voyager. J'ai visité plusieurs fois les 44 pays où nous sommes implantés et je connais les 144 usines du groupe à travers le monde.

Chez Yazaki, le président a un grand pouvoir. Les salariés ont tendance à croire qu'ils sont contraints de suivre tout ce que je dis. Il me faut donc être extrêmement prudent dans mes prises de position. Cela m'oblige à avoir un comportement très clair avec des objectifs bien définis. Aussi dois-je toujours m'interroger sur ce qui est bon pour le groupe Yazaki mais bon aussi pour ses employés, bon pour la société en général. Pour moi c'est fondamental. C'est la seule manière de maintenir la pérennité de Yazaki.

Le problème de la succession est une grave question. J'ai 67 ans et j'y pense bien sûr depuis longtemps. Certains grands groupes familiaux comme Ford, l'ont abordé en créant une Fondation qui contrôle le management. Mais le management lui-même doit impérativement être entre les mains d'un homme qualifié.

Je pense qu'il est temps de reconsidérer le statut du groupe Yazaki. Est-il vraiment utile de rester un groupe familial ? Nous devons sans cesse prouver notre compétence dans la manière d'innover pour rester compétitif sur des marchés de plus en plus exigeants. C'est un challenge terriblement ambitieux et complexe. Je pense que Yazaki peut devenir dix fois plus important qu'il ne l'est aujourd'hui sans jamais oublier notre politique : "Une entreprise en harmonie avec le monde et une entreprise dont la société a besoin" ».

L'Asie est un enjeu majeur pour Delfingen comme le fut l'Amérique en son temps. Le groupe français est déjà implanté et produit aux Philippines, en Chine, en Inde, en Thaïlande. Il dispose de bureaux commerciaux au Japon et en Corée et va poursuivre sa stratégie de déploiement en Asie du Sud-est.

Pour Bernard Streit, la valse des aller-retour va se poursuivre à un rythme qui semble ne pas l'effrayer. « Je suis beaucoup plus efficace à l'extérieur qu'à Anteuil. Je suis toujours très excité de partir car je sais qu'il va se passer beaucoup d'événements. Jamais je n'imagine qu'un accident ou un problème puisse m'arriver quand je suis hors de chez moi » m'a-t-il confié dans l'avion du retour. L'endurance d'un individu vient de sa capacité à maîtriser son stress. Être en paix donne plus d'énergie que la simple forme physique. C'est le cas de Bernard Streit, patron serein, qui sait où il va et ce qu'il veut et s'y achemine avec une admirable pugnacité.

XIII

2014, un grand millésime pour Delfingen

La quête du Graal

Jusqu'en 2007, une part significative du marché de la protection des réseaux électriques et fluides embarqués nous a échappée car nous n'étions pas dans les gaines textiles. En intégrant cette technologie à notre production, nous pouvons doubler notre chiffre d'affaires. De 1992 à 2000 la réputation de fabricant de sacs plastique nous collait à la peau. Maintenant nous avons du mal à nous faire reconnaître comme fabricant de textile. L'achat de l'entreprise allemande Langendorf, véritable outil de production, va nous donner de la crédibilité. Et nous ouvrir les portes du marché automobile allemand avec lequel nous faisions peu d'affaires. Cette acquisition est fondamentale pour Delfingen. L'entreprise est à notre taille, et nous avions les moyens de l'acheter. Ce genre d'opportunité ne se présente pas deux fois.

Dès 1990, j'ai le pressentiment que le textile technique pour la protection va prendre son essor et qu'il faut absolument se positionner sur ce créneau. J'achète à Lyon une première machine à tresser. Trop absorbé par le déploiement de l'entreprise, je confie le développement du secteur textile à un collaborateur qui n'a pas l'envergure pour ce travail. Deux ans plus tard, c'est l'échec. Je revends la machine. Mais je ne m'avoue pas vaincu pour autant.

En 1994, je demande à la Chambre du Commerce franco-allemande en Allemagne, de me trouver une cible en Allemagne : une société complémentaire de nos produits et travaillant pour les constructeurs automobiles. Je visite quelques entreprises dont celle de Peter

Langendorf que je rencontre à cette occasion. L'entreprise, spécialisée en lingerie fine, a été créée en 1908 par son grand-père. Il est conscient que la lingerie est en train de migrer vers les pays low cost et que son marché est en déclin. Il pense à se reconvertir dans les produits textiles pour automobile. Je fais une tentative pour le racheter mais la transaction ne se fait pas. Il me faudra attendre vingt ans pour l'acquérir. Pendant toutes ces années, je reste accroché à mon idée et tente de m'imposer dans ce domaine par d'autres voies.

En 95/96, nous avons le vent en poupe. Je me remets au textile imaginant que la première expérience a échoué à cause de la machine. J'en achète six chez le meilleur fabricant allemand. Mais je fais la même erreur en y mettant un collaborateur qui n'est pas à la hauteur de la tâche sans que je prenne la peine de m'en occuper moi-même. Lorsque je m'établis aux États-Unis, je fais le tour des clients potentiels avec Emmanuel Klinklin et chaque fois nous entendons le même discours. Ils attendent de la gaine textile. Il n'y a qu'un seul fournisseur sur le marché américain, un géant. Le message est clair. Il me faut racheter cette entreprise, du moins sa branche textile. Mais je n'y parviens pas. De retour en France, j'expédie les six machines à tresser d'Anteuil dans notre usine à El Paso. J'essuie un nouvel échec car je n'ai ni les hommes pour cette spécialité ni le réseau commercial adapté. En 2002, je revends les machines textiles.

J'ai échoué faute d'avoir su tirer les leçons de mes erreurs. Il va donc me falloir vingt ans pour me positionner sur ce marché alors que si je m'y étais investi davantage dès le début j'aurais pu développer la gaine textile au même rythme que la gaine annelée. Mais durant ces vingt années, j'ai concentré toute mon énergie sur la croissance de l'entreprise et son positionnement à l'international. Sans doute, je n'y croyais pas suffisamment non plus. Pour réussir, il faut se focaliser sur le sujet. Grâce à ses contacts aux États-Unis et au Canada, Jean-Noël Mermet nous aide en 2000 à acquérir Jenisco, entreprise textile basée à Niagara Falls. En 2001, nous achetons Markel. Avec ces deux petites entreprises, nous allons essayer de nous positionner sur le textile. Nous prenons de plein fouet les attentats du 11 septembre alors que nous venons à peine de faire ces acquisitions. Nous n'aurons finalement ni les hommes ni le financement pour exploiter ce levain.

Les deux sociétés vont continuer à se développer jusqu'en 2007 sur le marché industriel mais pas dans l'automobile. Elles sont d'un bon rapport pour Delfingen mais comme il n'y a pas de volonté très forte de la direction d'Anteuil, elles ne nous rapportent rien sur le marché que nous visons.

—— Sous le soleil du Honduras ——

En accord avec notre bureau d'études aux États-Unis, nous allons mettre au point des produits et les développer grâce à des partenariats extérieurs. En 2004, nous avons notre première importante commande de gaines textile pour Lear Corporation au Honduras. Lors de l'inauguration de cette nouvelle implantation, mon premier petit-fils Victor va venir au monde, un événement qui me bouleverse et me comble de bonheur. Je ne l'apprendrai que plus tard, le réseau téléphonique étant défectueux dans la région.

Je suis à l'usine d'Auburn Hills dans le Michigan quand tombe la commande de Lear. Par un hasard extraordinaire, en passant dans un couloir, j'entends un de mes employés répondre que nous ne sommes pas prêts techniquement, que nous ne pourrons pas assurer la livraison. Il manque une machine à découper. La colère me prend. Je fonce dans le bureau et martèle qu'il est hors de question de renoncer à cette commande. Le responsable du bureau d'études me confirme que nous ne sommes pas prêts pour la fabrication des pièces commandées. Je lui demande s'il peut rapidement fabriquer une machine simplifiée. Ce garçon va travailler jour et nuit pour y parvenir et mettre au point une petite machine que je peux emporter dans une valise au Honduras où je m'envole aussitôt. Par chance, il n'existe pas encore tous les contrôles d'aéroport que nous connaissons aujourd'hui. Mais au Honduras, les passagers sont obligés de passer leurs valises dans un scanner avant de sortir de l'aéroport. L'homme en charge du scanner est debout derrière la machine et contrôle l'écran tout en regardant chaque passager. Je n'ai aucun papier officiel pour passer cette machine. Il faut donc que je ruse. Au moment où ma valise passe dans le scanner, je crie « hello ! hou ! hou ! » aux collègues qui sont venus m'attendre. Le responsable lève la tête, ne regarde plus son écran, je continue à saluer les bras en l'air en criant « hou ! hou ! ». L'homme se retourne pour voir qui je salue, la valise est passée, je la récupère et plus personne ne me demande rien. Mais pour que la production fonctionne, il faut la deuxième machine. Je repars aussitôt la chercher à Détroit et reviens deux jours plus tard à San Pedro Sula. Cette fois, j'ai le trac. Autant la première fois j'étais sûr que cela marcherait, la seconde j'en suis moins certain. Mais ça marche. Si j'avais dû faire tous les papiers officiels, jamais nous n'aurions pu fabriquer à temps les pièces pour notre client.

En 2008, nous faisons un partenariat avec notre fournisseur de matière de base servant à faire la gaine textile. En 2011, nous faisons un partenariat avec une société chinoise pour de la production textile de masse. Nous achetons ensuite pour Anteuil des machines très perfectionnées afin de commencer la fabrication des gaines textiles. Pour renforcer notre production, nous achetons Hilec aux États-Unis. Lorsque nous arrivons avec Emmanuel Klinklin pour prendre les rênes de la société, le vendeur n'a pas daigné se déplacer. Les employés tombent des nues lorsque nous leur annonçons que nous sommes les nouveaux propriétaires. Ce fut pour Emmanuel et moi un moment émouvant. L'ensemble du personnel est totalement déstabilisé. La plupart travaille là depuis des années. Trois mois plus tard, nous fermons Hilec. Aucun salarié n'a voulu nous suivre. Nous licencions dans de très bonnes conditions tout le personnel et nous transférons les machines chez nous à Niagara Falls.

Pendant toutes ces années, je suis toujours resté attentif au sort de Langendorf, avec l'espoir qu'un jour le propriétaire se décide à vendre. Ayant eu des problèmes, Peter Langendorf a cédé la majorité de ses actions au groupe Bunger. En 2012, les dirigeants de Langendorf demandent à nous rencontrer. Ils viennent à Anteuil nous présenter leurs produits qui sont justement ceux que nous recherchons. Leur objectif est de produire pour Delfingen alors que mon objectif est de les racheter. Au cours de la réunion, je vais droit au but et leur demande de poser la question à leurs propriétaires qui six semaines plus tard acceptent de nous recevoir. Après un an d'âpres négociations et de revirements de leur part, en janvier 2014, nous finalisons l'achat de Langendorf et MBG, une filiale de Langendorf, grâce à la diplomatie et l'habileté de Susane Dilcher, consultante et médiatrice, et de Christophe Clerc qui ont pu démêler tous les écheveaux de complications. Que cet achat ait été si compliqué fut pour nous presque une aubaine sinon d'autres les auraient achetés avant nous. Susane a ensuite passé plusieurs jours auprès des employés allemands afin de souder les liens et aider à la compréhension des différentes cultures. Elle a fait la même chose avec le personnel d'Anteuil pour qu'il se familiarise avec le mode de fonctionnement de l'entreprise allemande. L'Allemagne a toujours un grand respect pour le tissu industriel des sous-traitants, ce qu'a totalement perdu la France qui délocalise sans fin.

—— En Franconie avec mes pots de miel ——

C'est au retour d'un exténuant périple en Chine et en Inde que je me prépare pour cet important voyage en Allemagne des 27 et 28 janvier 2014. Dans la nuit du vendredi, ne pouvant pas dormir à cause du décalage horaire, je m'interroge sur la façon d'annoncer au personnel de ces deux sociétés allemandes que je suis leur nouveau propriétaire. Et soudain me vient l'idée de leur offrir du miel. Le miel a toujours été pour moi une manière de perpétuer la présence de mon grand-père. Dans sa ferme de la Verrière, il avait une vingtaine de ruches. Quand j'ai fait ma communion solennelle, il m'en a offert une. Plus tard mon père en a acheté d'autres que j'ai réparties au milieu des bâtiments de l'usine. Offrir du miel d'Anteuil à mes clients est une symbolique forte qui montre mon attachement aux valeurs de la nature, et ma volonté de rester un paysan dans l'âme. Le lendemain matin à la première heure je descends à la cave et me rends compte que je n'ai pas assez de pots. Je file à la ferme chez mon cousin Jean pour lui en acheter. Avec Françoise mon épouse, nous passons la journée à transvaser le miel. Le lundi matin à l'aube, je pars avec dans le coffre de ma voiture les cent quatre-vingts pots à offrir au personnel des deux usines allemandes. Tout cela fut mis en place dans la plus grande improvisation. Mais je ne pouvais imaginer arriver sans rien, les mains vides. Pour réussir dans les affaires, il faut avoir cet instinct là ! Il était impératif que ces journées se passent bien. La première prise de contact marque pour longtemps l'entreprise dans l'impression que vont en conserver les personnels des deux sociétés et cela va influer sur leur avenir dans le groupe Delfingen.

Grâce à cet investissement, nous allons augmenter significativement notre chiffre d'affaires dans le textile. Ce qui est encore insignifiant par rapport à la taille du marché. Plus chère que la gaine annelée, la gaine textile n'est employée qu'à des endroits bien précis pour protéger les réseaux électriques et fluides embarqués. Dès l'achat conclu, j'ai réuni les dirigeants des deux sociétés pour leur faire part de mon objectif: me fournir dès juillet 2014 leur stratégie pour doubler le chiffre d'affaires en 2017. Je leur ai expliqué les trois facteurs qui m'ont poussé à fixer cet objectif: 1) l'automobile est en croissance de 4 à 5 % par an dans le monde; 2) Delfingen a un réseau international de plus en plus dense; 3) Langendorf et MBG ont un savoir-faire exceptionnel dans le domaine du tressage et du tissage textile. Ce qui m'amène à penser que l'environnement dans lequel nous nous trouvons doit nous conduire sans problème vers cet objectif de croissance du chiffre d'affaires en 2017 dans le textile technique.

Après mes échecs successifs dans la gaine textile parce que je n'ai pas été suffisamment pugnace, cette fois je veux m'investir à fond et mettre sur ce projet mes plus brillants collaborateurs. C'est par ce challenge que l'harmonie entre les sociétés allemandes et Delfingen se fera. « Il n'y a point de vent favorable pour celui qui ne connaît pas son port » écrit Sénèque dans ses *Lettres à Lucilius*. MBG a une expérience très pointue dans le domaine du tissage rapide, l'induction et la découpe que peu d'entreprises dans le monde possèdent. Cette technologie devrait nous permettre des retombées conséquentes dans l'automobile.

Les Allemands ont un fonctionnement radicalement opposé à celui de Delfingen. Nous n'avons pas la prétention de vouloir les changer. Jamais, quel que soit le pays où nous nous sommes installés, nous n'avons eu cette prétention. Nous devons comprendre la culture, l'accepter, la respecter, faire preuve d'humilité et de simplicité. Mais le rapprochement des deux va permettre à Delfingen de se structurer un peu plus, de se rapprocher du modèle allemand et de s'en enrichir. Une entreprise grandit à la vitesse à laquelle elle engrange du cash mais aussi et surtout à la vitesse à laquelle elle fait grandir les hommes qui travaillent pour elle.

Prendre pied en Allemagne, c'est redonner du souffle à toutes nos usines dans le monde. C'est surtout pour ma famille une acquisition symbolique, liée à notre passé, à mon grand-père d'origine alémanique et à notre blessure d'avoir été pendant tant d'années assimilés aux « boches ».

XIV

Aujourd'hui et demain

Une succession qui approche

La mort est un élément intangible. Pour assurer la pérennité d'une entreprise, il est nécessaire d'aborder le problème de la succession en cas de décès du PDG. Bizarrement, les notaires et hommes de lois sont souvent très gênés d'en parler avec celui qui est concerné. On me demande aussitôt si je vais bien, si je suis malade… Alors que je ne fais qu'anticiper sur un événement dont la certitude est acquise par tous. En y préparant mes successeurs, j'évite à mon entreprise ce moment de fragilité qui est celui du changement de direction. C'est la première forme de respect que l'on peut apporter à tous ceux qui y travaillent. Cette position renforce la confiance des investisseurs, des clients et des collaborateurs dans la viabilité future de l'entreprise.

Mon fils Gérald a repris ses études et suivi un MBA à HEC pour se familiariser avec le monde des affaires.

C'est ainsi qu'a germé la continuité familiale. Le cadet a fait des études d'ingénieur et/n'a pas souhaité entrer dans le groupe. Nous sommes Gérald et moi différents. Doté d'une belle mécanique intellectuelle, mon fils est dans l'analytique alors que je suis dans l'instinctif. Vouloir trop affûter la finesse de l'analyse dans un monde qui bouge à une vitesse de plus en plus grande, c'est prendre le risque de laisser passer des opportunités essentielles à la croissance de l'entreprise. Fonctionner à l'instinct, c'est aussi un grand risque. Nous travaillons donc avec mon fils à trouver ensemble le juste équilibre. Par petites touches, nous adaptons aussi l'équipe de direction à être dans quelques années tout à fait prête à travailler avec Gérald. Je suis persuadé qu'il va devenir un grand patron. Le fils doit trouver sa légitimité tandis que le père doit apprendre à se retirer. Le fait que Gérald ait passé trois années dans les ateliers à raison de deux jours par semaine, lui a permis de découvrir et de comprendre les bases élémentaires du fonctionnement de l'entreprise. Pour l'instant, je me sens encore jeune et plein d'énergie mais je laisse à mon fils des initiatives comme négocier à Paris une augmentation de capital. Il rencontre aussi les clients car il est nécessaire d'avoir conscience que sans client on n'est rien. On peut maîtriser à la perfection le marketing, l'organisation industrielle, si on a oublié qu'au bout il y a un client qu'il faut rencontrer, il n'y a pas d'entreprise. Connaître un client nécessite de s'investir, de s'intéresser à lui. Le Latin tente de capitaliser un maximum sur l'affectif. Le produit vient en fin de discussion. Ce qui importe ce sont les liens. Les Japonais fonctionnent comme les Latins. L'Allemand est dans une logique radicalement inverse. Il regarde d'abord le produit. Quand la relation est établie sur l'aspect technique, il est plus à même d'établir un lien personnel. Le Français a tendance à tout mélanger dans la même réunion. Cette attitude passe mal. C'est la même chose dans la façon d'aborder un employé : vous faites venir dans votre bureau un Français pour le réprimander. Vous commencez par l'éloge avec au milieu le « mais » qui tranche vers la réprimande. En sortant, il se dit qu'il vient de se faire engueuler mais que tout n'est pas négatif. Faire la même chose avec un Allemand, c'est le déstabiliser totalement. Soit vous le convoquez pour lui faire part de votre mécontentement, soit pour le féliciter. Si vous mélangez les deux, il n'y comprend plus rien.

—— Nous, champions cachés ——

Dans leur ouvrage *Les Champions Cachés du XXIe siècle*, Hermann Simon et Stéphan Guinchard révèlent ce que sont les caractéristiques et qui fait la force de ces leaders de marchés méconnus du grand public. Il y est dit que ces entreprises ont une internationalisation très forte et une grande capacité de développement et d'innovation, qu'elles vivent très proches de leurs clients. Je me retrouve totalement dans cette mise en perspective. Les auteurs décrivent le fondateur comme ne faisant qu'un avec son entreprise et entretenant avec elle une relation fusionnelle. C'est un obstiné qui ne lâche jamais rien. Il est audacieux, courageux et capable de transmettre sa flamme, seul moyen de faire progresser et grandir l'entreprise. C'est un principe universel. Ces critères se retrouvent chez tous les grands chefs d'entreprise à travers le monde. Une autre de leurs constatations est que la plupart de ces petites et moyennes entreprises se développent loin des villes. Neuf sur dix des champions cachés dans le monde sont retirés dans une zone rurale. Ils ont certes des difficultés à recruter du personnel pointu mais, en contrepartie, leurs salariés sont d'une fidélité exemplaire et le turn-over très réduit. Ce qui est notre cas chez Delfingen. Nous avons la fidélité, l'engagement d'un personnel qu'on ne retrouve pas en ville. La difficulté majeure est de trouver des femmes et des hommes de grand talent. Peu sont prêts à s'établir à la campagne. Il faut donc aller les chercher et les convaincre. Quatre ou cinq individus décidés font toute la différence dans la progression d'une entreprise. Je suis un chasseur de talents, toujours en quête de perles rares. Mais les meilleurs recrutements restent quand même ceux du terroir. Les déracinés ont du mal à prendre racine.

Nous avons à travers le monde vingt sites de production et un total de trente implantations. Notre objectif en 2025 est d'être leader incontesté, donc numéro un dans la protection des réseaux électriques et fluides embarqués avec une part de marché significative. Etre vraiment leader signifie devancer largement ses concurrents. Nous voulons aussi renforcer l'édifice en développant l'activité de fabrication de tubes techniques pour le transfert de fluides. Nous devons être à l'affût de toutes les opportunités pour favoriser notre croissance en rachetant des entreprises du même secteur d'activité pour les intégrer chez nous. En 2025, nous devons faire cinq fois plus que ce que nous faisons en 2015, c'est-à-dire parvenir à un milliard d'euros de chiffre d'affaires. Nous avons mené des challenges bien plus compliqués que celui-là. La vraie difficulté va être de trouver les hommes pour mener à bien ce projet. En 2025 j'aurais soixante-treize ans et pris mes distances avec l'entreprise depuis longtemps. À mon fils qui juge le défi énorme, j'explique que nous avons passé des caps bien plus difficiles que celui-là. Si, dans un monde qui se globalise à une telle ampleur, vous ne prenez pas vraiment une part majeure du marché mondial, vous êtes laminé. « Second is the first looser » !

Être patron, c'est aussi prendre de la hauteur et fixer des objectifs. Pour l'instant, je sens mon fils avoir toutes les capacités à développer ses atouts pour devenir un leader mais je sais que cela sera beaucoup plus difficile pour lui si je suis là.

C'est toujours difficile pour un père d'être objectif. Je sens que Gérald se trouve plus dans une logique de croissance construite. Aujourd'hui il aurait tendance à vouloir faire un palier pour laisser le temps à l'entreprise d'absorber ses développements récents. Je vois bien la validité de ce point de vue. Or, je suis intimement persuadé que si nous faisons maintenant un palier, nous serons battus. Avec le temps je suis convaincu que nous trouverons le bon équilibre. La période que j'ai à vivre est particulièrement compliquée. Déléguer de plus en plus tout en restant là pour rassurer et insuffler la nécessité d'aller de l'avant. Surtout, il me faudra savoir juger du bon moment où je devrais décrocher. Je suis optimiste. Deux hommes avertis qui partagent le même objectif trouveront une solution intelligente de transition.

—— L'Asie, porteuse de rêves ——

Nous avons plusieurs gros enjeux dont la nécessité impérieuse de nous déployer sur l'Asie. Dans un avenir très proche, 2015/16, l'Asie va produire à elle seule plus de voitures que les États-Unis, l'Europe et le Japon réunis, la Chine représentant les deux tiers. Pendant longtemps, l'Europe a été le premier producteur avant d'être dépassée par les États-Unis puis le Japon qui a fait trembler la planète entière. La Thaïlande a produit en 2013, 2,8 millions de voitures. Presque un million de plus que la France. L'Indonésie se positionne de façon impressionnante. Notre concurrent numéro un a poursuivi son développement sur l'Asie et détient avec force des positions importantes. On a cependant souvent tort d'avoir raison le premier. Il s'est installé en Chine pour développer l'activité du câblage et y a implanté d'importantes usines. À présent, la Chine devient trop chère pour cette activité. Les câbleurs sortent du pays pour s'installer au Vietnam, en Thaïlande, au Cambodge, en Indonésie. Il va se retrouver fragilisé avec le risque de prendre des coups qui peuvent lui faire très mal. Nous, nous nous installons directement dans ces pays limitrophes. Les câblages pour la Thaïlande vont être fabriqués à Phnom Penh, au Cambodge, où le coût de la main-d'œuvre est moins cher.

— L'Europe malade —

Pour sauver ce qui reste d'industries en France, ne faudrait-il pas revenir au franc ? Je suis un européen convaincu et premier défenseur de l'euro mais notre pays est dans un tel état avec six millions de chômeurs qu'il ne pourra pas s'en sortir sans une dévaluation de 40 %. Ce serait une solution de paresse et non de courage. Le courage serait de prendre de vraies et profondes dispositions pour contrer les déficits de compétitivité : baisser de façon importante les coûts de main-d'œuvre, travailler plus longtemps, avoir un projet ambitieux de formation. Pour sauver l'industrie, il faudrait un élan de solidarité nationale dont les Français sont totalement incapables.

Chez Delfingen, nous ne connaissons pas la crise. Si en Europe notre chiffre d'affaires est en baisse par rapport à l'année dernière, nous nous réjouissons d'avoir si fortement investi aux États-Unis depuis 1998. Ce pays a une impressionnante capacité à rebondir, à se réadapter à une nouvelle situation économique.

Alors qu'ils n'ont aucune industrie automobile, les Suisses produisent toutes les machines à fabriquer les câblages. Ils sont très forts dans de multiples domaines. En vieillissant, je sens ce que cette culture suisse a apporté à mes parents et à moi-même. Je m'en rapproche sans me sentir déchiré entre les deux. Je souffre de voir la France dans cet état. Pendant des années je ne me suis senti que

Français, mais avec le temps, je suis plus à l'écoute de mes racines, même si je ne suis pas sûr d'avoir envie de vivre en Suisse. C'est un pays bien plus compliqué que le nôtre en termes politiques. Et avec une rigueur qui ne supporte pas l'imprévu même pour les situations les plus dépourvues de conséquence.

Il y a quelques années, après être parvenu à rassembler la famille pour un voyage à Radelfingen, trois mois plus tôt je suis allé trouver le pasteur du village pour lui exprimer notre désir de venir au temple assister au culte ce dimanche-là. Je lui explique que nous venons de France avec deux bus et qu'il nous sera impossible d'être là pour neuf heures mais que s'il peut avoir la gentillesse, exceptionnellement, de déplacer le culte à onze heures, toute la famille pourrait ainsi y assister. « Ah ! Toute la famille, c'est formidable Monsieur Streit ! Mais le culte est à neuf heures. Ce ne sera pas possible ». Je réitère ma demande. Il réitère sa réponse. Cela dure dix bonnes minutes puis j'ai cessé d'insister car il lui était absolument impossible de concevoir le moindre changement dans ce qui était programmé, même si cela ne touchait qu'une partie infime de la population du village.

—— Une quête éternelle ——

Le plus important pour réussir, c'est aussi de beaucoup travailler sur soi. Trouver au-delà des raisons rationnelles, le fil rouge qui unit toutes les décisions. La raison est au fond de notre subconscient. Rien n'arrive par hasard. On se noie souvent dans la rationalité de nos explications.

Je n'ai pas le sentiment d'avoir fait des choses exceptionnelles et, sans fausse modestie, j'ai un certain nombre de qualités qui m'ont permis de réussir. Pourtant je ne peux pas sous-estimer la part énorme de l'irrationnel dans toute décision humaine. On devient extrêmement fort quand on a soulevé le voile de l'inconscient. J'ai compris pourquoi sur le site d'Anteuil, j'avais voulu une réserve foncière de quinze hectares/. Pendant des années mes parents ont souffert de n'avoir pas de terrain pour élargir l'activité de mon père. Et pendant des années j'ai été bercé par cette incessante discussion sur l'obsession de trouver un terrain. Quand on visite l'usine aujourd'hui, les terrains sont vastes, couverts de pelouses avec à l'horizon les petits toits jaunes de mes ruches. On pourrait m'accuser d'avoir des rêves de grandeur. Mais j'ai compris bien plus tard combien j'avais été marqué par les angoisses de mes parents. Beaucoup croient qu'il faut sortir d'une grande école, savoir faire un business plan pour se lancer dans les affaires. En réalité cela ne marche pas comme cela. D'ailleurs ceux qui vous enseignent ces soit disant règles du commerce n'ont pour ainsi dire jamais fait d'affaires.

Au cours de toutes ces années, mon père ne m'a jamais fait un seul compliment. Ce fut pour moi frustrant et même blessant parfois. Peut-être à la fin de son existence a-t-il fait quelques remarques positives. Il avait toute sa vie travaillé comme un fou pour un résultat relativement médiocre alors qu'en quelques années j'avais permis à l'entreprise de faire un bon prodigieux. Il souffrait de ce terrible décalage. L'absence de reconnaissance fut pour moi un véritable moteur. Elle m'a donné encore plus de rage pour aller de l'avant. Avec le temps, j'ai compris combien cela avait été dur pour mon père. Son attitude dérivait aussi de son éducation. Mon grand-père à la ferme avait dit à l'un de ses fils : « On ne fait jamais de compliment. Jamais. Sinon les gens ne travaillent plus ». J'essaie de ne pas reproduire le même schéma avec mes fils.

Notre réussite a entraîné des bouleversements familiaux, engendré des jalousies et provoqué des ruptures avec quelques-uns. La réussite fait de l'ombre à ceux qui n'ont pas eu la même trajectoire. Le regard de certains de mes copains de classe a bien sûr changé sur moi. Vous ne pouvez juger les autres que par rapport à votre propre champ d'expériences. Mais comme ils n'ont aucune idée de ce qu'il faut surmonter pour gérer une entreprise et la faire progresser, ils considèrent que cela m'est tombé du ciel et que c'est une profonde injustice. Il est important dans les affaires de faire abstraction du regard de l'autre. Si vous aimez l'argent pour l'argent vous n'irez pas très loin non plus. Vous resterez un gagne petit qui ne fera jamais fortune. Chez un chef d'entreprise il y a une part de joueur. Cela n'a rien à voir avec les chefs d'entreprises qui sortent des grandes écoles et qui gèrent les groupes du CAC 40.

« Le monde s'immobilise par manque d'imprudence » a chanté Brel. Le monde aujourd'hui en est là. Si vous êtes trop prudent, vous n'avancez pas. Le joueur qui joue et gagne, n'a qu'une envie : recommencer. Le regard de l'autre, ce sont les barreaux de notre prison. On passe sa vie à les scier mais ils repoussent sans cesse. C'est un combat continu.

Conclusion

L'histoire de Delfingen et la mienne sont intimement liées. Me mettre à la raconter pour faire un livre m'a demandé du temps et de la réflexion. Écrire sa propre histoire c'est se préparer un jour à dire au-revoir. Écrire l'histoire de Delfingen c'est accepter de faire un pont vers le futur pour ma famille et particulièrement pour Gérald, et tous les collaborateurs d'aujourd'hui et de demain. J'ai dû beaucoup travailler sur moi pour prendre la décision de recontacter Claudine le Tourneur d'Ison. Un matin, après bien des nuits blanches et des angoisses qui m'étouffaient, tout devint clair, simple. Je voulais ce livre.

J'avais fait la part des choses entre l'enthousiasme et le bonheur de voir Delfingen continuer sa route vers un futur plein de succès et ma propre personne affolée à l'idée de quitter ce qui a été mon existence depuis plus de 40 ans. J'ai compris qu'il allait me falloir admettre la perspective de descendre un jour de ce manège où je suis si bien, pour envisager un autre futur : la retraite, la vieillesse et la mort.

Je me suis attelé à ce livre avec Claudine pour témoigner à Gérald comme à tous les collaborateurs de Delfingen que tout devient possible si l'on met vraiment l'homme au centre de l'entreprise, au centre de nos préoccupations. Dans ce monde qui change si vite, il nous faut, à nous dirigeants d'entreprise, faire preuve d'une grande exigence. Nous devons sans cesse nous poser la question : « Où trouvons-nous la légitimité de cette exigence ? » Chez Delfingen, c'est le respect que l'on apporte à tous sans exception, quelle que soit leur confession ou leur repère culturel qui nous la donne. Chez Delfingen nous n'avons jamais fait de miracle mais mes collaborateurs ont toujours réussi l'impossible.

Index

conception
réalisation
mise en pages
pca
44405 Rezé cedex

Achevé d'imprimer sur les presses de l'imprimerie Pulsio